中公新書 2418

高良倉吉編著

沖縄問題——リアリズムの視点から

中央公論新社刊

まえがき――「クールな視点」で沖縄を語りたい

沖縄県は日本社会を構成する四七都道府県の一つであり、日本国憲法を最高法規とする法秩序の下で行政運営が行われていて、制度上は他の都道府県と何ら変わるところがない。そしてまた、日本経済の一部であり、日本経済を介して世界経済のダイナミックな変動に深く組み込まれている。当然のことだと言われるかもしれないが、この基本的な事実認識を、まずは共有しておきたい。

しかしながら、わが国に駐留する米軍専用施設面積の七割が沖縄県に集中するために、米軍基地が所在する神奈川、山口、長崎、青森、東京などの諸地域と共通する問題を有しつつも、沖縄の場合は特に、地域問題の構造的な「元凶」として米軍基地のありようが問われる場合が多い。その象徴的な事象は、地元二紙（『沖縄タイムス』『琉球新報』）による基地問題に関する報道とこれに関連するキャンペーンであり、沖縄を語る際の突出した、重大な論点として特筆されつづけている。

しかし国政のレベルにおいては、沖縄に駐留する米軍基地は、日米安保体制＝日米同盟に基づいて日本政府がアメリカ側に提供義務を負う施設だ、と位置づけられている。国民生活の最も重要な基盤の一つである安全保障体制を維持するうえで、沖縄の米軍基地は必要不可欠なものである、とわが国の歴代政権は繰り返し説明してきた。

だが、わが国には、日米安保＝日米同盟を破棄しアメリカ軍基地を閉鎖・撤去すべきだとする主張をはじめ、軍隊・基地などを必要としない理想的な平和状態を構築すべきだとする意見を含む多様な安全保障観が混在する。沖縄においても、沖縄戦（一九四五年）という苛《か》酷《こく》な戦争体験を有していること、敗戦後には長期にわたるアメリカ統治時代を経験したこと、さらには基地の島としての現実が長期にわたって継続していることなどのために、日米安保＝日米同盟、安全保障、基地問題、平和構築などの論点をめぐって多様な思想・信条や政治的主張が存在している。

また、米軍基地が集中するために、沖縄では基地がらみの事故・事件も後を絶たない。県民の日常生活を脅《おびや》かす事故・事件が発生するたびに、なぜこのような苦難を味わうことになるのか、なぜ多大な米軍基地が沖縄に集中しつづけるのか、という根本的な疑問が浮上する。

わが国の安全保障体制はどうあるべきかという「大義」の側から基地問題を言うのではなく、地域の感情や思念、あるいはアイデンティティの問題として扱われる場合が多い。

しかも、問題の構図は今に始まったことではなく、過去から現在に続く深い問題なのだと規定したうえで、歴史認識や沖縄アイデンティティの問題を動員しながら、米軍基地問題を批評・批判する論調が大勢を占めている。この論調の主な表現者はジャーナリストや評論家、学者、文化人、政治活動家などであり、基地問題に止《とど》まらず、「沖縄問題」と呼ぶべき拡大した言説空間が形成されるようになった。そこで提示される論点のなかには、沖縄（ウチナー）と日本（ヤマト）の関係を問う問題、沖縄アイデンティティを問う問題、沖縄「独立」を問う問題、沖縄の人びとを「先住民族」として問う問題なども含まれている。今や沖縄基地問題は、多様な論点として拡散しているように見える。

しかしながら、「沖縄問題」に向き合う姿勢を堅持しつつ、沖縄を取り巻く具体的な現実と日々格闘しながら職責を全うしたい、と努力する者たちの存在は見過ごされてきたのではないか、と言いたい。沖縄県庁や県内市町村の職員という立場に身を置いて、日々の職務を通して「沖縄問題」と向き合ってきた人びとのことである。地方行政を担うマンパワーは、理念と現実のはざまで苦闘し、わが国の法秩序を基礎とする行政ルールに従いながら、さまざまな案件に取り組んでいる。しかし、その困難な状況はマスコミ等で断片的に報道されるのみで、実相が置き去りにされ、誤解や曲解が流布《るふ》するというケースも多々見受けられる。行政に携わった者の立場から、沖縄を議論する際に必要となる新たな視点や切り口、論点を提示すべきではないか。そのことによって、あえて言うならば、情緒化・図式化の傾向を強めつつある「沖縄問題」論議に一石を投じたい、との覚悟が頭をもたげた。

仲井眞《なかいま》弘多《ひろかず》氏が沖縄県知事を務めていた時期（二〇〇六～一四年の八年間）、特に彼の二期目（二〇一〇年十二月～一四年十二月）に副知事や知事公室長、総務部長、土木建築部長の職務を担当した者たちが、実はこの本の筆者である。

他の都道府県の行政同様に、沖縄県の行政もまた公共インフラの整備や産業振興、福祉、教育、文化、環境、観光など多分野の課題に取り組んでいる。さらには、目前の諸課題に取り組むだけではなく、地域の将来像を描きながら、そこに至る方策も日々実践しなければならない。そのような膨大な行政案件に取り組みながら、県政の重大課題である米軍基地問題と格闘してきた。

私たちが職務を通じて痛感したのは以下のことである。

沖縄の置かれた現状を理念の側に埋没して語るのではなく、徹底して現実を直視する形で引き受けること。仕事の相手を告発するのではなく、必要とされる解決策を対話のプロセスを確保しながら推進すること。沖縄の地域感情に配慮しつつ、日本社会の一員であると同時にアジア太平洋地域の一員でもある、という自負を根底に据《す》えること。つまり、問題を発見し、それを指弾する態度に終始するのではなく、現実に立脚しながら問題をどのように解決できるか、そのことに専念する態度が大事なのだ、と。

「沖縄問題」をクールに捉《とら》え、問題の解決を目指す営為もまたクールでありたい、そのように考えた。

本書において、経済振興および米軍基地問題という沖縄県政の二大課題を中心に据え、私たちの経験と認識を示した。時局的な問題提起として書いたのではない。沖縄県政の実務と論理を示すことによって、沖縄認識をめぐる議論の深化を期待し、上梓《じょうし》したのである。「沖縄問題」を論じてきたおびただしい数の出版物とは明らかに異なる位相に立つ表現を、実現することができたのではないかと思う。

「自覚しない存在は、悲惨である」。明治、大正、昭和を通じて沖縄の歴史や文化を研究し、沖縄のあり方を求めた先達、伊波普猷《いはふゆう》（一八七六～一九四七年）の言葉である。その思いの一端を、私たちもまた共有したいと切に願う。

目次

図版作成／ケー・アイ・プランニング

沖縄問題　リアリズムの視点から

第Ⅰ章　「沖縄問題」の問題とは何か？

1　日本史と琉球史

先史時代と古琉球

沖縄の歴史は、一般的な日本史像の枠組みで語ることが困難であり、そのために、独自の時代区分を提示して説明することが広く行われている。先史時代→古琉球→近世琉球→近代沖縄→戦後・現代沖縄の五区分法がそれである。

沖縄の遺跡からは約二万～三万年前の人骨が見つかっている。そのほかにも、旧石器時代に属する保存状態のよい多くの人骨が発掘されており、日本人のルーツを解明するうえで不可欠な資料だと評価されている。サンゴ礁《しょう》を起源とする石灰岩の島々は、人骨にとって天然の冷蔵庫のような役割を果たしてくれた。万年単位で始まるこの旧石器時代から、縄文時代、弥生時代、古墳時代、奈良時代、平安時代あたりまでの長い時間が、沖縄の「先史時代」である。文献記録が限られているために、この時代の研究はもっぱら考古学や人類学、地質学の専門家が担っている。

それに続く時代、「古琉球」は、日本史の鎌倉時代、南北朝時代、室町時代、戦国時代、安土桃山時代に相当する時期である。沖縄の島々が急速に政治化し、統一権力を形成するダイナミックな時代だった。そして、一四二九年に首里《しゅり》城を拠点とする統一国家、「琉球王国」が成立した。現在の鹿児島県に属する奄美《あまみ》諸島から沖縄県の範囲にまたがる島嶼《とうしょ》王国であり、日本列島の中世国家とは区別される独自の存在だった。琉球の国王は、多くのアジア諸国の覇者がそうであったように、アジアの盟主である中国（明《みん》朝）の皇帝の権威に従い、朝貢する従属的な存在だった。

琉球王国の外交・貿易関係は中国のみに限られていたのではなかった。日本（琉球の人びとはヤマトと呼んだ）や朝鮮、さらには東南アジア諸地域（現在の国名で言えばタイ、マレーシア、インドネシア、ベトナム、フィリピンなど）と活潑《かっぱつ》に交流していた。アジア交流事業の推進本部であった首里城には、「舟楫《しゅうしゅう》を以て万国の津梁《しんりょう》と為す」（船を用い、アジアの架け橋の役割を担う）という文章が掲げられていた。

古琉球はまた、沖縄という地域の独自性を構築した時代でもあった。奄美諸島、沖縄諸島、宮古《みやこ》諸島、八重山《やえやま》諸島という広大な海域に点在する多数の島々を政治・行政的に組織化し、その全体を「琉球」という名前でくくった。島々で用いられた言語は「琉球語」（琉球方言ともいう）であり、古い日本語（日本祖語）から分離し発展したものだった。ちなみに、現在の言語研究において、日本語を「本土方言」（奄美・沖縄以外の方言、狭義の日本語）と「琉球方言」（琉球語）に二大別するのが通説である。日本語の系統に属する言葉を話す人びとが、日本列島のはるか南の島々において琉球王国を樹立し、アジア諸国と活潑に交流しつつ、独自の存在感を発揮したのが古琉球だったのである。

その象徴的な例が、当時のアジアにおける国際言語の一つである漢文を王国の公用文として使用すると同時に、琉球語を表記するツールとして平仮名も常用していたことであろう。例えば、王国経営のために組織されたさまざまな官職の任用は、国王が交付する平仮名書きの辞令書を通じて行われていた。

近世琉球の国際関係

しかし、古琉球の時代は荒々しい軍事行動により終わりを告げ、次の「近世琉球」の時代に転換する。

関ヶ原の戦い（一六〇〇年）から九年後の一六〇九年春、徳川家康《とくがわいえやす》の了解を得て、薩摩《さつま》の島津《しまづ》氏が三〇〇〇の軍を琉球に派兵した。琉球王国にも数千人規模の軍勢が組織されており、各地で応戦したが、戦力差は著しく、琉球は屈服を余儀なくされた（島津侵入事件）。国王以下の重臣たちは鹿児島に連行され、やがて天下人徳川家康に駿府《すんぷ》（静岡）で謁見し、江戸で二代将軍徳川秀忠《ひでただ》に面会した後、鹿児島に戻り、島津氏に忠誠を誓う文書に署名してやっと帰国を許された。

しかし幕府は、王国体制を廃止し、琉球を日本（具体的には薩摩藩）の直轄地に編入したのではなかった。王国としての琉球はそのまま存続し、薩摩側の出先機関である在番奉行が那覇に設置されたものの、王国の政治や行政を担う主体である首里王府体制は維持された。

この事件により、琉球王国は大きく変化することとなった。敗者の責務として、薩摩側への定期的な税負担を背負うことになった。さらに、与論島《よろんじま》から北の奄美諸島が琉球から切り離され、薩摩の直轄地に編入された。ただし、徳之島《とくのしま》の西方海上に浮かぶ硫黄鳥島《いおうとりしま》（一九五九年から無人島）は、中国との外交・貿易を推進するうえで不可欠な品である硫黄の産出地であったために、そのまま琉球領として残された。現在の沖縄県と鹿児島県の県境が複雑な線引きになっているのはそのためである。

近世琉球の特徴は、中国（清朝《しん》）および日本（幕藩体制）という東アジアの二つの大国のはざまにあって、バランス感覚を発揮しつつ、王国としての独自性を確保したことにある。古琉球時代から続く中国（明朝滅亡後は清朝）との朝貢関係を維持しながら、薩摩藩とその背後に控える徳川将軍とのあいだに新たな従属関係を結んだ。その象徴的な外交イベントが冊封使《さくほうし》の受け入れと「江戸上り《えどのぼり》」（江戸立ともいう）である。

琉球で新しい国王が即位すると、北京《ペキン》の皇帝のもとに使者を遣わし、冊封使の派遣を要請した。これを受けて皇帝は五〇〇名規模の冊封使一行をわざわざ琉球に送り、首里城で新王の認証式に相当する冊封の式典を行わせた。皇帝のメッセージが中国語で朗読され、皇帝の権威において新しい琉球国王（当時の表現では「琉球国中山王《ちゅうざんおう》」）が承認された。この恩義に報いるために、琉球の王は定期的に北京に使者を派遣して貢物を献上した。この従属的な外交関係を前提に、中国との貿易や諸交流が許されていたのである。

小国琉球のソフトパワー

一方、江戸上りは二つのタイミングで派遣された。将軍が新たに就任した際には慶賀使を、琉球で新王が即位したときには謝恩使をそれぞれ国王の名代として派遣しており、両使を江戸上りと通称している。那覇の港を出発した琉球使節団一行は鹿児島に到着し、薩摩側のメンバーとともに瀬戸内海、京都、東海道などを経て江戸に赴いた。そして、江戸城において将軍に謁見したのだが、将軍にとっては、服属する異国の王の使節を迎える外交儀礼としての意義を帯びていた。

注目すべき点は、琉球側のソフトパワー戦略であろう。将軍の前で、琉球の音楽・芸能を演じて見せている。また、中国皇帝の使節団を首里城に迎えた際にも、選《え》りすぐった琉球芸能を披露《ひろう》している。演奏者、踊り手の全ては男性であり、その者たちは王の家臣であった。中国・日本という超大国に比べると、琉球は些少《さしょう》な存在かもしれないが、しかし、文化の分野では独自のレベルを確保しているのだという自負を、王国を規定する国際関係の場でアピールしたのである。

二つの大国との従属関係を前提としながらも、われわれはそのどちらにも埋没しない、独自の存在である、という自負に基づく政策を推進した二人の指導者がいた。島津侵入事件後に沈滞化の一途をたどる王国の現実を直視し、厳しい時代に即応できる王国の再興を目指した羽地朝秀《はねじちょうしゅう》（一六一七〜七五年）がその一人である。王国復興のためには、自らの伝統的な価値観さえも否定し、新時代に向き合うことのできる意識と体制を準備すべきだ、というリアリズムに徹した王国行政ナンバーワンの立場にいた人物だった。

困難な王国再興プロジェクトを主導した羽地は引退間際に、「この七年間、死力を尽くして奮闘してきたつもりだが、私を理解する者は、この琉球には一人もいなかった」、と慨嘆している。そのように言いたくなるほどの、国内の反対や抵抗を押し切って断行された改革だったのである。しかし、彼が成し遂げた再興プロジェクトは、もう一人の指導者である蔡《さい》温《おん》（一六八二〜一七六一年）が引き受け、より体系的に推進された。琉球に移住した中国人の末裔《まつえい》に当たる蔡温は、王国統治の主体である首里王府を強化し、各面にわたって王国の振興に尽くした。

大臣クラスの高官として二〇年余も活動した蔡温は、引退間際に書いたある本のなかで次のように述べている。「目先の課題に対処する小計得《こはからえ》では、この国を安定させることはできない。琉球の長久を目指すためには、大計得《おおはからえ》を堅持することが必須条件である」、と。目前の得失に向き合うだけの短慮＝「小計得」に陥るのではなく、将来を冷徹に見通す遠慮＝「大計得」を持つことが、王国経営の命題なのだ、という意味である。小国としての琉球が生き残りつづけるための緊張感の必要性を、彼は、後輩たちのために遺言したのである。

ペリー艦隊の来航、そして琉球処分へ

王国末期の一八五三年と翌五四年には、ペリー艦隊が琉球に来航した。一八五三年五月、大艦隊は那覇に集結したが、ペリー提督は多くの要員や船舶を那覇に残したまま、主力艦を率いて浦賀《うらが》に向かった。このときは開国交渉が不発に終わったために、那覇に引き返し、残留組と一緒に香港《ホンコン》に向かった。翌年の一月、香港から再び那覇に現れ、一部の要員と船舶を残置したうえで、再度の開国交渉に向かった。日米和親条約（神奈川条約）の締結に成功し

た後、那覇に戻り、琉球側にも琉米修好条約の締結を強要して、帰国の途に就くのである。一八五四年七月十一日付けで締結された琉米修好条約だが、そこに署名した二人の琉球高官は、実は当事者としての権限を持つ人物ではなく、ペリー提督向けに高官として振る舞ったところの、いわばダミーであった。琉球側は狡猾《こうかつ》だったのである。

徳川幕府体制が崩壊し、日本が近代国家としての道を歩みはじめたできごとは、琉球王国にとってその存立を揺るがす決定的な端緒となった。近代国家としての日本の国土や領域をより明確にする必要があり、その際の最大の案件が琉球王国の取り扱いであった。中国および日本に従属する国際関係を有しながらも、そのどちらにも吸収されない独自の王国としての道を歩んできた琉球に対し、中国との関係を切断し、沖縄県を設置することによって近代日本に編入する、という方針が決定された。

この方針に基づく実施プロジェクトを明治政府は「琉球処分」と称したが、当然のことながら二つのハードルが存在した。伝統的な冊封・朝貢関係を盾に、琉球の現状変更に対して異議を唱える中国の存在であり、今一つは、王国の存続を主張して沖縄県の設置、つまり日本への編入に反対する琉球側の姿勢である。

一八七九年（明治十二）春、明治政府は軍隊と警察官を日本から動員し、武力行使をちらつかせながら、首里城の明け渡しを求めた。最後の国王となった尚泰《しょうたい》はあえて抵抗せず、首里城を出た。琉球王国は消滅し、近代日本を構成する南端としての沖縄県が誕生したのであり、この事件を契機に「近代沖縄」が始まる。

中国は激しく抗議し、琉球の旧臣たちも中国政府に嘆願するなど王国復活のための運動を展開したが、沖縄県体制は着々とその実を挙げた。そして、日清戦争（一八九四〜九五年）に日本が勝利すると、沖縄県体制に反対し王国の復活を求める声は沈静化した。「日本の一員としての沖縄」、言い換えると、「琉球の日本化プロセス」が進行していくのである。一八九〇年代後半、沖縄を特別県制とするよう求める旧エリート層の運動（公同会運動）があり、約七万三〇〇〇名余の署名が集まったという。旧王家の主を知事に任命し、そのポストを代々世襲にしてほしいというのが要求の主旨であったが、中央政府に一蹴された。

王国時代は原則として所属する村や地域からの移動が禁じられていたが、近代沖縄になると人の移動が活潑化する。都市部で暮らしてきた旧士族層の農村への移住をはじめ、県内諸地域間の人の移動が顕著となり、ついには日本本土の経済先進地域（京浜や関西など）への出稼ぎ者や、さらには国外（ハワイや南米など）への移民の数が増加していった。

全体として経済的後進県として推移しつづけた沖縄は、やがて太平洋戦争末期の沖縄戦（一九四五年）という苛酷な戦場となる。日本本土上陸作戦を急ぐ米軍は物量にものを言わせて短期決戦を目指し、本土上陸を一日でも遅らせたい日本軍は持久戦をとった。その結果、一般県民が戦火に巻き込まれ、人口の約二五パーセントが犠牲となった。

戦争に勝利したアメリカはトカラ列島、奄美諸島そして沖縄を日本の施政権から切り離し、独自の統治下に置いた。六～八年後にはトカラ列島や奄美諸島を日本に返還したが、沖縄の統治はそのまま継続した。そして、沖縄の各地で強引な土地の強制収用を進め、瞬《また》く間に沖縄を基地の島に変貌《へんぼう》させた。同時にまた基地優先、軍人優先の支配体制を構築し、住民の人権や自治を著しく制限する「軍事的植民地」状態を現出させた。沖縄戦を転換点として、「戦後・現代沖縄」の時代が始まる。

2　沖縄は、なぜ日本なのか

伊波普猷の琉球処分評価

第1節に略述した歴史のなかから、歴史認識の問題としての「沖縄問題」を抽出しようとしたときに、明瞭な形で浮上する論点の一つは、「琉球処分」（＝沖縄県設置）とその後の状況をめぐる評価であろう。強引な形で琉球王国が廃止され沖縄県が誕生したのだが、沖縄に住む者にとって、そのことをどう受け止めるべきか、という問いから立ち上がる問題である。

明治以後このかた、多くの論者が持論を唱えてきた。琉球処分（＝沖縄県設置）は日本による侵略であり、沖縄県という存在の実態は日本の植民地だ、という見方がある。その反対側には、琉球処分（＝沖縄県設置）とは、近代国民国家が形成される際の民族統一の一環であり、現代に至る日本国家の「かたち」を整えた事業と理解すべきだ、との意見がある。しかし、民族統一という意義を帯びるとしても、琉球側の意向を全く無視したことや、やり方が暴力的であったこと、また、日本の国益のみが最優先されたことなど負の側面を重視して、「真の民族統一」と評価すべきではなく、「非民主的統一」もしくは「強制的編入」と規定すべきではないか、とする見方などさまざまな意見がある。

この問題を考えるうえで特に注目したいのは、先駆者、伊波普猷の言説であろう。彼は一八七六年（明治九）、琉球処分（＝沖縄県設置）直前の那覇に生まれ、東京帝国大学の言語学科一期生として近代言語学を学んだ。帰郷後に沖縄県立図書館の館長に就任するが、彼が目指した仕事は、沖縄を多面的に研究し、その成果を県民はもとより多くの人びとに伝えることであった。『伊波普猷全集』全一一巻に収められた多くの仕事を残し、一九四七年に他界している。文字どおり、近代沖縄の時代を生きた沖縄出身の知的エリートだったのである。

沖縄研究を通じて彼が導き出した結論は、琉球王国を形成した人びとは日本文化をそのルーツとすること、したがって、沖縄と日本のあいだには文化的な親和性、一体性がある、というものだった。琉球語（琉球方言）は日本祖語から分離しており、日本語の系統に属する言語だという事実がそのことを証明している、と説いた。この所見は後に「日琉同祖論」と呼ばれるようになるが、単なる学問的な認識に止まらず、社会的に大きな影響を及ぼした。

彼の「日琉同祖論」を敷衍《ふえん》すると以下のような理解になる。琉球処分（＝沖縄県設置）による近代日本への編入は、侵略行為として行われたものではなく、文化的親和性、一体性を持つ両者の統一、あるいは合一として起こったものであり、その結果として出現した沖縄県体制は植民地などではなく、「日本の一員としての沖縄」が出現したことを意味するのだ、と。

伊波はまた、「琉球処分は一種の奴隷《どれい》解放也《なり》」（一九一四年）と題する論文を発表している。そこで力説されている論点は、琉球処分（＝沖縄県設置）によって崩壊した王国の実態を直視せよ、という問題だった。薩摩藩による支配の重圧下にあると同時に、国王を頂点とする支配層を維持するために、琉球人民がいかに重い負担に喘《あえ》いでいたか、そのことを知るべきだ、という。そのような悲惨な状態から琉球人民を「解放」して、新しい地平に立たせたのが琉球処分（＝沖縄県設置）だと主張した。「琉球処分の結果、所謂《いわゆる》琉球王国は滅亡したが、琉球民族は日本帝国の中に這入《はい》って復活した」、と言い切っている。

「日琉同祖論」、沖縄独自性論、「祖国」日本

伊波の「日琉同祖論」は、沖縄県という看板の下で暮らすことになった人びとが、新しいアイデンティティを見定める有力な根拠となった。王国の復活を願って琉球処分（＝沖縄県設置）に反対した運動や、旧王家の主を世襲制の知事とするよう求める運動は過去のものと

なり、「日本の一員としての沖縄」を実践する近代沖縄の人びとの指針と言うべき言説となった。

だが、看過すべきでない点は、今一つの重要な命題を伊波普猷が力説していたことであろう。文化的な親和性や同一性に立脚して「日本の一員としての沖縄」に同意したとしても、当の沖縄は琉球王国時代を有するなど、沖縄以外の他の日本とは異なる歴史・文化を形成しており、その蓄積に即した独自のアイデンティティを保持している。この重大な事実を無視、あるいは度外視するような態度は許容できない、という主張である。日本全体に沖縄を位置づける際の視点としての「日琉同祖論」、そして沖縄から日本全体に向けて発信しつづける際の視点としての沖縄独自性論、この二つの視点が交差するところの位相に沖縄のアイデンティティが立脚する、と唱えたのである。

伊波普猷という知性を介して、近代沖縄は、「沖縄問題」の原点が日本という国家の「かたち」にかかわる問題であると同時に、沖縄の側のアイデンティティの問題にも根ざす二重のパラダイムであることを提示したのである。

基地の島に変貌した沖縄において、アメリカは基地優先、軍人優先の統治を進めており、住民の人権や自治は著しく制限されていた。そのような現実を解決できる目標として日本への復帰が叫ばれたのだが、では、なぜ日本復帰をあえて選択したのか。

一つは、伊波普猷の「日琉同祖論」が提示した沖縄・日本のあいだの文化的な親和性や一体性の認識が基礎にあった。日本は沖縄にとって「祖国」であり、沖縄が日本から切り離されているという現実は「祖国」の未完状態であり、「民族」の分断状況だと考えた。沖縄人民党を率いた瀬長亀次郎《せながかめじろう》は、一九五九年に『民族の悲劇――沖縄県民の抵抗』(二〇一三年新装版)のなかで、「日本固有の領土が、外国軍隊によって占領され、同じ日本民族の血をうけた同胞が、異民族の支配の下に苦しみぬいているのを、黙って見過ごしているほど、日本国民は辛抱強くはあるまい」、と書いている。

もう一つの理由は、さまざまな問題を含んでいたとはいえ、琉球処分(=沖縄県設置)から沖縄戦に至るまでの約七〇年間の近代沖縄の蓄積であろう。制度や法律、教育、生活文化、国民意識など多くの面で「日本の一員としての沖縄」の実態がすでに形成されていたからである。日本の施政権から分離されアメリカ統治が始まったにもかかわらず、沖縄の教師たちは日本の教科書を導入し、子どもたちに日本人としての教育を施した。沖縄教職員会を率いた屋良朝苗《やらちょうびょう》は日本の各地を回り、低い水準で放置されている沖縄の教育インフラ整備への支援を訴えた。

一九七二年五月十五日、さまざまな評価が取り沙汰《ざた》されるなかで、「日本の一員としての沖縄」の復活を求めた住民の選択の結果として、沖縄県体制が再び甦《よみがえ》った。だが、基地の島としての現状は温存されたままであり、それ以後も基地問題に悩まされつづける過程を強いられ、現在に至っている。

3　基地問題とアイデンティティ

深まる日本政府への不信

昨今、沖縄をめぐる議論や運動、主張のなかに「差別」や「独立」「自己決定権」「先住民族」などといった言葉がしきりに登場するようになった。だが、日本国憲法を頂点とするわが国の法体系や統治秩序の下において、沖縄とそれ以外の日本を区別し、沖縄のみを対象とするような「差別」制度は全く存在していない。沖縄振興開発特別措置法（一九七二年施行）のように、総合的に沖縄の振興を図る目的でつくられた法律はあるが、「差別」と指弾されるものではない。にもかかわらず、なにゆえにこうした言葉が多用されるようになったのだろうか。

米軍基地の問題をめぐる現実がその発話基盤だと思われる。一九七二年の日本復帰から今日まで、沖縄県民多数の一貫した要求は基地負担の軽減であった。広大な面積を占有しつづける米軍基地の整理・縮小を推進し、沖縄側の土地利用の拡充に充《あ》てること、基地あるがゆえに惹起《じゃっき》される事故や事件・犯罪、あるいは騒音、演習、環境汚染などに対する十分な措置を講ずること、米軍人や軍属に有利な日米地位協定を改定すること、などを訴えつづけた。

しかし、一九九五年九月に起こった海兵隊員による少女暴行事件や、二〇〇四年八月に発生した沖縄国際大学施設への海兵隊ヘリコプター墜落事故などに象徴されるように、基地の過重負担を実感せざるをえないできごとが頻繁に起こり、なぜ沖縄にのみこのような事態が集中するのか、という不信感が共有されてきた。基地の島沖縄の現実は何ら改善されないままに推移してきたのではないか、と。

危険性をはらむ海兵隊の普天間《ふてんま》飛行場を、名護《なご》市辺野古《へのこ》のキャンプ・シュワブ（海兵隊基地）とそこに隣接する海域を埋め立てたうえで移設する、という日米両政府合意の計画に対する反撥《はんぱつ》も高まった。県民の多数意思が県内への移設に反対しているにもかかわらず、それを唯一の解決策だと称して強行する日本政府への不信も広がった。

構造的な「差別」を指弾する動き

県民意思を尊重し、目に見える形での負担軽減が進まないのは、日本政府の側に、基地問題を心底から解決しようとする意志が欠落しているためではないか。日米同盟に基づく米軍基地の過重な負担を沖縄にだけ押し付けてよしとする意識があるからではないか。沖縄以外の日本国民もまた、自覚的もしくは無自覚的にそのことを許容しているのではないか。――そのような疑問を並べた際に浮上するのが「沖縄差別論」である。日本社会の一員でありながら、沖縄は、対等・平等に扱われていない、という批判である。

そのような構造的「差別」状態を克服する方途として、この頃になって「沖縄独立論」が表立って叫ばれはじめている。あるいはまた、沖縄が持つはずの「自己決定権」を重視して、日本の中央政府の理不尽な沖縄政策と対峙《たいじ》すべきだという主張も繰り返されている。さらには、国連の人権理事会において、沖縄に住む人びとは「先住民族」であるとして、その権利を保護するようにとの勧告がなされているが、このような、「先住民族」に与えられている立場や権利を行使することによって「差別」状態を克服しようとする動きもある。ようするに、沖縄と日本の関係を問い直し、沖縄の側から新たな視点や方法を振りかざしながら問題解決を目指すべきだ、という思念の提示である。

そこで、二つの事実に着目すべきだろう。一つは、制度上の要件を満たして活動する沖縄県内の政党や政治結社のなかで、沖縄の「独立」を綱領や政策、公約に掲げる勢力は存在しないことである。沖縄と日本の関係を問い直すために、沖縄の側から発せられる思念の標語は、いわゆる学者・文化人の範囲に止まっており、政治的論議のテーブルに載っているわけではない。「琉球民族独立総合研究学会」（二〇一三年設立）という名の研究団体が存在するが、研究会やシンポジウムを通じた啓発活動に止まっている。断るまでもなく、「独立」の是非を問う体系的な県民意識調査や県民投票が行われたこともない。

多様かつ多相なアイデンティティ状況

今一つの事実は、沖縄をめぐるアイデンティティの多様性、多相性であろう。

一般的には、「われわれ」としてのウチナーンチュ（沖縄人）と、われわれ以外のヤマトゥンチュ（大和人）という区別意識がある。ウチナーンチュの住む土地がウチナー（沖縄）であり、彼らの住む土地がヤマト（大和）である。この区別意識は歴史的な所産であり、琉球王国時代にその淵源《えんげん》があって、琉球処分（＝沖縄県設置）の後も存続した。戦後・現代沖縄の時代になると、ヤマトを「本土」や「ナイチ（内地）」、ヤマトゥンチュを「ナイチャー（内地人）」という言い方も登場した。

しかし、現代においては、彼我の呼称は著しく複雑になっている。両親のどちらかが沖縄出身者ではない子どもたち、親の一人は外国人だという子どもたち、他府県の出身者だが沖縄に移住し暮らしている人びとなども多く、血の論理で彼我を区別することの意味が失われはじめている。ウチナーンチュ（沖縄人）、「琉球民族」「先住民族」とは誰のことなのか、その範囲を厳密に定義することが困難な実態が沖縄社会において確実に進行している。

現在の実態に照らすと、自らのアイデンティティをあえて一つに限る必要はない。日本人・日本国民というアイデンティティを持つと同時に、ウチナーンチュ（沖縄人）としてのアイデンティティも保持する。日本人・日本国民であり、ヤマトゥンチュ（大和人）でありつつも、ウチナーンチュ（沖縄人）のアイデンティティに共感できる。日本国民でありつつも、ウチナーンチュ（沖縄人）であり、アメリカンでもある（オキナワン・アメリカン・ジャパニーズ）。

さらに、ウチナーンチュ（沖縄人）と言うとき、沖縄本島地方とは異なるアイデンティティを持つ宮古や八重山の存在に配慮しているだろうか。戦後沖縄に移住し、多くの労苦を重ねながら沖縄社会を支えている奄美諸島出身者の存在を考慮しているだろうか。近代沖縄の時代から海外諸国に移民した人びとの子孫たちは、アメリカ人やブラジル人でありつつ、ウチナーンチュ（沖縄人）でもある、というアイデンティティを持っているのである。

「差別」ではなく、不公平である

つまり、沖縄をめぐるアイデンティティは複雑かつ多相な状況を呈しているのであり、主体それぞれの複数の位相を示すスペクトルのように見える。現実の事態は、ウチナーンチュ（沖縄人）、「琉球民族」「先住民族」などの言説に見られる、いわばアイデンティティの特定化や囲い込みを目指す動きから遠く離れた位置にある。その状況を無視して、ウチナーンチュ（沖縄人）、「琉球民族」「先住民族」という立場性を強調すると、閉ざされた思想系としての「沖縄ナショナリズム」や「沖縄原理主義」に傾斜しないか、そのことを恐れる。

基地問題という矛盾が沖縄に偏在していること、その状況を早急に是正する必要があること、このことは沖縄県民共通の認識であろう。いや、基地の過重な負担を打開する仕事はすぐれて日本の政治の責任だと、県民は心底から叫びつづけてきた。だからこそ、日本中央の政権や議会にその責任を果たしてもらうために、「差別」という言説を前面に掲げて主張するのではなく、「不公平」な状態を抜本的に解決できていないと冷徹に指摘したうえで、具体的な事実を示し、客観的な論理を駆使して改善を迫ることが必要なのである。

そしてまた、基地問題を「沖縄問題」のなかにパッケージしてしまうのではなく、この国の安全保障のあり方や日米同盟のあり方を問う「日本問題」なのだ、という認識が求められる。基地問題を「沖縄問題」として特殊化しようとすると、国民全体の論議には至らないからである。「差別」論を前面に掲げて主張したとすると、責められる相手はただ押し黙るしかなく、そこから問題解決に向けた対話は生まれるはずもない。

沖縄県民の圧倒的な多数意思は、日本からの離脱を求めているわけではない。日本の一員としての立場で基地問題の解決を求めているのであり、この国の安全保障体制を支える不公平な実態の改善を求めている、と理解すべきである。

誤解のないように断っておくが、「日本の一員としての沖縄」という立場に立って基地問題の解決を主張したからといって、沖縄独自性論を放棄したわけではない。むしろ、「日本の一員としての沖縄」であればこそ、沖縄という独自の場をしっかり構築し、日本全体のためだけではなく、アジア太平洋地域のために沖縄ができることは何か、そのことを懸命に考え抜き、実践することが求められている。沖縄の独自性や可能性を活《い》かそうという動きはすでに始まっており、それを推進する担い手は、ウチナーンチュ（沖縄人）、「琉球民族」「先住民族」などと呼びたい人びとのみではなく、ヤマトゥンチュ（大和人）や外国人が深く参画するようになっているのである。

沖縄という場は、さまざまなアイデンティティを持つ人びとの活動拠点になりはじめている。したがって、地元意識を持つ人びともまた、「血」を前提としたアイデンティティではなく、開かれた場としての沖縄を共有し、その場に帰属する思想としてのアイデンティティを磨くことが求められているのである。

第Ⅱ章　「辺境県」からの脱出

——沖縄振興の展開

1　王国時代、近代沖縄、そして沖縄戦

王国の対外経済関係と末期の状況

まず初めに、一八七九年（明治十二）に断行された琉球処分（＝沖縄県設置）以前の王国時代の経済・産業状況について、その要点を確認しておきたい。最初に指摘したいのは対外的な経済関係の特質である。

琉球は、中国（清朝）および日本（幕藩体制）と経済的に深いかかわりを持っていた。中国とは朝貢＝進貢貿易が基軸であり、琉球国王から北京の皇帝に貢物・献上品が捧《ささ》げられ、その見返りとして皇帝から賜品《しひん》が下された。従属的なこの外交関係を前提としたうえで、琉球側は、滞在先の福州（福建省）や北京（朝貢国の滞在施設である会同館）において一定のルールに基づく貿易や商活動が認められていた。福州には琉球館（正式名称は柔遠駅《じゅうえんえき》）と呼ば

れた琉球人専用の施設があり、そこを拠点に中国商人と活潑な取り引きを行っていた。那覇と福州のあいだを頻繁に往来した琉球の公船（進貢船）は、琉球と中国を連結する物流および人流の太いパイプだったといえる。

徳川日本との経済関係は、基本的には薩摩との関係に限定されていた。鹿児島の城下には琉球館（福州琉球館と区別するために鹿児島琉球館と通称）と呼ばれた出先機関が設置されており、そこを活動舞台に薩摩商人との取り引きが行われていた。また、薩摩藩庁の許可を得て鹿児島―琉球ルートに就航した薩摩の民間商船（大和船）とのあいだで、主に那覇を舞台とする取り引きも活潑に行われていた。

着目すべき点は、薩摩は徳川日本の経済圏の一員であったから、当然のことながら、琉球―薩摩間の取り引きは日本市場を前提とする経済活動だったことであろう。例えば、琉球が中国で購入してきた商品はもとより、琉球で生産された砂糖も薩摩を介して日本市場に供給されていた。また、中国に対する主要な輸出品であると同時に、琉球内でも盛んに消費されていた北海道産の昆布は、薩摩ルートを介して日本市場から調達したものだった。つまり、琉球にとって中国ルートおよび薩摩ルートは別々のものではなく、分かちがたく連動する貿易ネットワークであり、そのいずれも王国存立の経済基盤として不可欠なものであった。

琉球処分（＝沖縄県設置）は、中国ルートを突然切断し、琉球経済の中国依存を否定したうえで、琉球経済を強引に日本経済に取り込むことを意味したのである。福州琉球館は、琉球の対中国ビジネス活動の拠点としての役割を終えることになった。

王国末期の経済・産業や財政は逼迫《ひっぱく》していた。中国との朝貢（進貢）貿易を推進するための資金が不足し、薩摩側にしばしば借金をお願いする状況が当時の資料に頻繁に登場する。琉球内の農村や離島の疲弊も著しく、租税負担能力を失った事例（当時の用語で「間切倒《まぎりだおれ》」「村倒《むらだおれ》」という）が頻出する。貧窮化した農村においては、子女の身売りが多発した。ようするに、王国経営は安定を欠き、内実としては幾多の困難な問題を抱えていたのである。

琉球処分（＝沖縄県設置）当時の琉球の人口は約三一万人であるが、その人民と居住地はそのまま日本近代国家のものとなった。王国体制は消滅し、沖縄県庁を統治機関とする近代沖縄の時代がスタートした。

しかし、新たに登場した沖縄県体制は、ただちに沖縄の津々浦々を掌握できたのではなかった。当初、首里城に三八〇名規模の軍隊（熊本鎮台沖縄分遣隊）を駐屯させ、治安の確保を図ったが、首里王府に代わる統治組織の構築が課題であった。県令（後の知事）以下の県職員や必要な要員は本土から投入できたものの、その程度のマンパワーでは県内の隅々まで掌握できようはずもない。そこで採られた現実的な施策が、王国制度＝旧慣をそのまま踏襲するというものだった。

王国時代の諸制度（土地制度、租税制度、地方行政制度など）を残置し、それを利用して県政を運営するやり方である。例えば、農村・離島に適用されていた間切制度（琉球独特の行政区画を用いた行政制度）とそれを運用する地方役人制度を活用して、新しい統治が県内に貫徹できるよう図ったのである。急激な改革によって県内の混乱を招かないように、時間をかけ、状況を見ながら、旧慣の改革、すなわち近代日本への一体化プロセスを進めることにした。近代教育制度のほうは置県後ただちに実施されたのだが、王国時代の旧慣が完全に廃止されたのは置県から二四年後の一九〇三年（明治三十六）のことである。

寄留商人の擡頭、南清貿易の挫折

しかし、新しい時代の到来を告げる変化は、確実に起こっていた。その象徴的な動きが「寄留《きりゅう》商人」の擡頭《たいとう》であろう。

王国時代の琉球には、経営規模の大きい民間商人は育っていなかった。首里、那覇などの都市部において商業や海運業、酒造業などの分野で民間ビジネスが展開していたが、いずれも小規模、かつ零細《れいさい》な営業であった。中国との朝貢（進貢）貿易や薩摩を舞台とする砂糖ビジネスなどの大経営のほうは、行政機関である首里王府が行う国営事業と言うべきものであったから、民間が関与し成長できる余地はなかったのである。琉球処分（＝沖縄県設置）により首里王府というビジネス主体が消滅し、その結果として自由な経済活動のフィールドが広がることとなった。南端の県、沖縄において新たなビジネスチャンスが到来した。

さっそく、日本本土からビジネスチャンスを求めて多数の人びとが沖縄に移住し、経済活動を開始した。彼らは那覇に拠点を置き、商業や貿易、製造業、金融など多くの分野で事業を行い、やがて県経済界において隠然たる勢力を築くようになった。彼らは「寄留商人」の名で呼ばれるが、鹿児島系グループと大阪系グループがその中心であった。

置県後、沖縄県は製糖業を基幹産業と位置づけ、その振興に乗り出す。製糖業は王国時代から重要な産業であったが、各種の制限や規制が加えられていた。例えば食糧の自給力を保持する目的で、サトウキビ栽培は沖縄島の中部・南部を中心とする一部の地域に限られていた。製造された砂糖の流通や販売についても、首里王府のコントロール下にあった。

沖縄県は一八八八年（明治二十一）にサトウキビの作付制限を正式に解除し、基幹産業としての躍進を目指したのである。言うまでもなく、砂糖の取り引きも自由化しており、そのビジネスに寄留商人が積極的に参入した。

県当局と地元有力者、そして寄留商人たちが推進した「南清貿易」にも触れておきたい。県経済の振興を図る目的で、王国時代の那覇—福州貿易ルートの再興を目指すことになった。一八九九年（明治三十二）、勅令（旧憲法下で天皇が発する命令）により那覇港が貿易可能な輸出港に指定され、事業は始まった。しかし、二年間の期限内に輸出入総額が五万円に満たない際は閉鎖される、という厳しい条件が付されていた。その条件をクリアするために、関係者は東奔西走《とうほんせいそう》して期間の延長を何とか成し遂げたが、最終的には頓挫《とんざ》する。定期航路の確保に難渋したこと、必要な政府の補助が得られなかったこと、輸出できる沖縄側の産物が乏しく、輸入超過のまま推移したことなどが挫折の主な原因であった。

日本と台湾の谷間

「南洋道《なんようどう》問題」もまた、近代沖縄の動向を知るうえで重要なできごとである。明治の末期に、沖縄と植民地台湾を合併して「南洋道」を樹立しようとした策動のことである。二名の帝国議会の代議士が主唱し、前沖縄県知事（第四代）の奈良原繁《ならはらしげる》が賛同したとされるものだが、その意図や背景は必ずしも明らかではない。地元世論を代表する『琉球新報』は連日この問題を大きく取り上げ、「陋劣《ろうれつ》なる醜運動」だと厳しく非難し、沖縄が植民地台湾の植民地に転落する、などと警鐘を鳴らした。結局、この問題は表舞台で論議されることがないままに、やがて立ち消えとなった。

しかし、この問題は沖縄と台湾の関係に関する看過できない論点を含んでいる。その点に若干言及しておきたい。

琉球王国時代において、琉球と台湾のあいだに公式の交流は存在しなかった。沖縄の島々に住む人びとにとって台湾の存在が急速に浮上したのは、日清戦争の勝利により日本が植民地として台湾を獲得した以後のことであった。

やや図式的に言えば、日本の南端エリアに台湾という大きな島が登場し、沖縄県以上に投資すべき価値を持つ領域が出現したために、日本の中央政府は植民地台湾に対する開発事業を積極的に推進した。日本の国益に資する台湾を構築することを目的に、鉄道の敷設やダムの建設など産業インフラの整備を進め、台北帝国大学のような高等教育機関の整備も行った。

しかし、あえて比較すると、それに類似するような基盤的な整備事業を沖縄県に対しては行っていない。誤解を恐れずに言うならば、近代を通じて、沖縄県は経済・産業の面で日本本土と植民地台湾の谷間のような位置に低迷した、と言えるのではないか。

そのような構図の発端が、南洋道問題として顕在化した、と理解したい。

ところで、近代沖縄は、沖縄以外の土地に労働力としてのウチナーンチュ（沖縄人）を大量に供給する時代でもあった。県外出稼ぎ者に関する詳しい資料は残っていないが、日本経済の発展に伴い京浜や関西を中心とする工業地帯に、大量のウチナーンチュ（沖縄人）が稼得の機会を求めて働きに出た。また、ハワイ（一八九九年に第一次送り出し）やブラジル（一九〇八年に第一次送り出し）への移民を契機に、多数のウチナーンチュ（沖縄人）が海外に渡航した。県外出稼ぎ者や海外移民という「出沖縄」現象は、その後やむことなく繰り返されたのである。そして、その人たちが苦労して得た稼ぎを家族に送金することにより、県経済の全体が支えられていた。「送金経済」ともいうべき現実が存在したのである。そして、植民地台湾の発展に伴い、就職や就学という機会を通じて、多数のウチナーンチュ（沖縄人）が台湾で暮らした。

無人島の開拓、県経済の危機

その一方で、見過ごされてきた重要な事実が存在する。沖縄県が無人島開発の可能性を探る目的で、一八八五年（明治十八）に大東《だいとう》諸島および尖閣《せんかく》諸島に調査団を派遣したことである。県調査を受けて、無人の島を開拓したいと希望する申請が出されたが、そのほとんどは寄留商人たちによるものだった。

最終的に大東諸島開拓の権利を得たのは、東京を拠点に事業を行う八丈島《はちじょうじま》出身の玉置半右衛門《たまおきはんえもん》だった。玉置は一九〇〇年（明治三十三）に二三名の入植者を南大東島に上陸させ、その後の島の歴史の礎《いしずえ》を築いた。尖閣諸島開拓に乗り出したのは福岡県出身の寄留商人、古賀辰四郎《こがたつしろう》であり、一八九五年（明治二十八）、尖閣諸島の主要な島嶼である魚釣島《うおつりじま》、久場島《くばじま》、南小島、北小島四島の開発を政府から認可された。古賀は島に開発要員を移住させ、水産加工業などを始めた。つまり、王国時代までは無人の地点だった太平洋および東シナ海の孤島群に人びとが住み、沖縄県の県域として新たに仲間入りしたのである。

ところで、沖縄県には国鉄（国有鉄道）は整備されなかった。製糖業の発展や人の移動が活潑化するにつれて交通インフラの整備を図る必要が浮上した。沖縄県は鉄軌道を独自に整備し、鉄道事業に取り組むことを決定した。那覇駅を拠点に南部東岸の与那原《よなばる》、中部西岸の嘉手納《かでな》、南部西岸の糸満《いとまん》を結ぶ三つのルートを整備することになった。一九一四年（大正三）から二三年（大正十二）にかけて事業が行われ、那覇―与那原線（那覇―那覇港線〔海陸連絡線〕を含む）や那覇―嘉手納線、那覇―糸満線の三路線を相次いで整備している。なお、与那原線の建設費は全額を県債でまかない、嘉手納線の約八割は国庫補助、糸満線は全額を国庫補助により整備できた。こうしてようやく整備された沖縄県営鉄道であったが、沖縄島北部の拠点である名護までの延線は実現できなかった。

県営鉄道整備事業が終了して間もない頃、大正末期から昭和初期にかけて、「ソテツ地獄」と呼ばれる県経済の危機が顕在化した。第一次世界大戦が終了（一九一八年）した後、世界に広がった戦後恐慌はやがて日本経済にも大きなダメージを与えたが、その過程においても零細かつ生産性の低い沖縄の地域経済は深刻な不況に見舞われることとなった。県の基幹産業である糖業は、世界的な糖価の暴落により逼迫した。国税の滞納率が四〇パーセントを超える年度が続くなど財政破綻《はたん》が進行し、公務員や教員に給与が払えない町村が増加した。県内の小規模経営の銀行も経営不振に陥った。県民生活の疲弊が深刻化したことにより、移民や出稼ぎの形で労働人口が急速に県外、国外へと流出した。毒のあるソテツを食べるほどの深刻な生活実態だという意味で、新聞記者が「ソテツ地獄」と報道した。

全国平均の四割弱の県民所得

しかし、ソテツは近世琉球時代から備荒用の食糧として日常的に用いられていたのであり、毒抜きの技術もすでに確立していて、それを食べることは特異なことではなかった、というのが真相である。窮乏ぶりを強くアピールするためにそのように表現したのだが、やがてこの言葉は広く流行した。とにかく、県経済の疲弊は確実に進行し、先行きの見通せない深刻な事態を迎えた。

この事態をどう解決すべきかをめぐって、「沖縄救済論議」と通称される議論や提案がなされている。多くの論者が苦境に陥った原因やその対策について論じているのだが、当面する課題に対して実効性のある提言は少なかった。例えば、疲弊の原因として県経済の糖業偏重を挙げ、そのような産業構造を改善する必要があると多くの論者は唱えているが、それを実現するには時間がかかり、目前の事態の打開策にはなりえなかった。

しかし、「ソテツ地獄」とそれをめぐる「沖縄救済論議」は、中央政府による初の沖縄振興策の登場を促す効果はあった。一九三二年（昭和七）に閣議決定され翌年度から実施された「沖縄県振興計画」（一五か年計画）がそれであり、近代沖縄における唯一ともいえる政府の沖縄振興計画であった。土地改良や糖業振興、港湾・道路・橋梁の整備など産業基盤の強化が主な事業目的であったが、しかしながら、一一年後の一九四四年（昭和十九）時点における事業実施率は約二〇パーセントと推計されているように、沈滞した県経済を上昇させることはできなかった。

富永斉《とみながひとし》『沖縄経済論』（一九九五年）の推計によると、一人当たり所得の全国平均に対し沖縄県の県民所得（名目）の割合は、一八八五年で七五～八〇パーセント、一九〇〇年で五〇～六〇パーセント、一九二〇年（大正九）で四五パーセント程度、一九四〇年（昭和十五）で三五パーセント程度だという。つまり、近代沖縄の前期段階においては本土との格差はさほど大きくはなかったのだが、日本経済の伸張につれて、その恩恵を受けることが少なかった沖縄県はしだいに低落し、日本が戦争の時代に突入した頃には、全国平均の四割にも満たない所得水準に低迷していたのである。

貧しい南端の辺境県というイメージの島々が、太平洋戦争末期に軍略の面で注目されたのは皮肉である。太平洋を越えて進撃する圧倒的な軍事力の米軍を迎え撃ち、日本本土への上陸作戦を一日でも遅らせたいとする日本軍は、兵員をあわただしく沖縄に配備した。それに対し、短期間で沖縄を制圧し、本土上陸作戦の橋頭堡《きょうとうほ》として沖縄を利用したいとする米軍は、物量にものを言わせて沖縄に集中攻撃を浴びせた。その結果、県民生活の場である県土が戦場となり、県民の多くが戦火に巻き込まれ、死線をさまよった。三か月余にわたる日米両軍の戦闘によって、沖縄に居住する住民の約二五パーセントに相当する人びとが犠牲となったのである（沖縄戦）。

沖縄戦は、人命の損失に止まらず、近代沖縄の蓄積である県営鉄道などの各種インフラを破壊した。さらには、首里城跡などの琉球王国時代の遺産をも破壊し、かけがえのない多様な人材まで葬り去ったのである。

その拭いがたい事実を確認したうえで強調しておきたいのは、戦火をかいくぐって四人に三人が生き延び、戦後という新しい時代を迎えたことであろう。生き延びたその人びとが、戦争体験や近代沖縄の蓄積を保持しつつ、戦争に敗れた者としての苦難を引き受けさせられたのである。やがて正面に浮上したのは、日本の施政権から切り離され、アメリカが直接統治するところの、世界戦略上のキーストーン（要石）としての基地オキナワの現実であった。

2　アメリカ統治時代

「自立経済」への渇望

一九七二年五月十五日、二七年ぶりに沖縄は日本への復帰を果たした。域内供給力が著しく弱く、米軍関係収入と日米政府の援助に極端に依存した「基地依存型輸入経済」といわれる独特な姿で日本社会に登場する。著しい社会資本整備の遅れ、弱い物的生産基盤、極端に第三次産業に偏った経済の姿であった。

一般の日本人の時代区分は、多くの場合「戦前」と「戦後」で区切るのだが、沖縄の人びとのあいだでは、それに加えて「復帰前」「復帰後」という時代区分が当たり前のように使われている。

戦後七〇年余、復帰後四五年が経過した今日、沖縄の人びとは、かつて先人たちが望んでやまなかった「工業化」の道ではなく、彼らが想像もしなかった「観光リゾート産業」や「情報通信関連産業」「国際物流拠点産業」などを沖縄のリーディング産業として位置づけ、自立経済の道を探ろうとしている。

沖縄の自立経済を困難にしてきた要因を考えた場合、その大きなものの一つは、実は沖縄の持つ経済的「辺境性」であることに突き当たる。日本本土から遠く離れ、広大な海域に多くの島々が点在する島嶼地域であり、域内市場の狭小性、日本市場へのアクセスや原料、情報、技術等の入手の困難性、産業連関性の弱い業種構造などの宿命的な不利性を有し、加えて、社会基盤整備の遅れなど、それらはあらゆる産業における競争力を阻害しつづけてきた。

その意味では、地域経済社会の今日的なさまざまな課題の根源を、どの程度まで過去の事象に負わせるべきかということについては、慎重な姿勢が求められるかもしれない。とはいえ、沖縄の場合は、戦後二七年間のアメリカ統治時代という特異な歴史的時間を振り返ることなしに、今日の立ち位置を理解することは難しい。

沖縄がアメリカ統治下に置かれた戦後二七年間は、経済史的に見れば日本が戦後復興を遂げ、一ドル＝三六〇円の固定相場制の下で歴史に残る高度成長の軌跡を築いていった時代である。この間、日本経済と沖縄経済は無縁な関係ではなかった。沖縄の最大の貿易相手は日本本土であり、生活物資や生産材など多くのものを本土から輸入し、日本政府の特恵措置の下で砂糖やパインアップル加工品を本土に輸出した。一九六二年からは沖縄に対する本格的な日本政府援助も始まった。

だが、本土は円経済圏、沖縄はドル経済圏にあり、沖縄はアメリカ統治下に置かれていた。したがって、日本の経済発展の波動は沖縄に及ぶこともなく、日本経済の分業システムからも外れた時間を過ごすしかなかったのである。

アメリカ統治時代に展開された各種政策は、同時期の他の都道府県が日本国内で経験したものとはその動機も内実も全く異なるものだった。

まず第一に、アメリカの沖縄政策は、米軍基地の安定使用を図ることを第一義としており、住民の経済的社会的福祉の増進政策はあくまでも基地に対する住民の黙認を得ることを目的とするものであった。第二に、戦後早い時期の日本で一ドル＝三六〇円という輸出産業育成のための単一為替相場が設定されていたのに対し、沖縄では一ドル＝一二〇B円（B円は米軍占領下で通貨として用いられた米軍発行の軍票）という輸入促進的な為替相場が設定され、その後のドル通貨制度に至るまでに、基地依存型輸入経済の経済構造を形成する大きな要因となった。第三に、沖縄の経済政策として、ドル通貨制の下で、貿易、為替および資本取引の自由化制がとられてはいたが、結果として言えば、輸入販売業を主とする第三次産業を一段と助長することになった。

他方では、沖縄戦において生産基盤や生活基盤が壊滅的な被害を受け、商品となるのは住民自らの労働力のみという状況から出発した沖縄経済にとって、戦後の復興は米国の援助や米軍基地の雇用、地代、建設工事等の基地収入に依存するほかはないという事情もあった。しかしながら、このような状況下においても、人びとは自立経済を模索し、かつ自治権の拡大を求めつづけていた。

以下において、戦後沖縄の経済構造の形成に重要な影響を与えたと考えられる事象を中心に、アメリカ統治下の沖縄の姿を説明しておきたい。

「忘れられた島」

一九四五年八月十四日、日本はポツダム宣言を受諾し、翌日、玉音放送が行われて第二次世界大戦は終結した。その後GHQ（連合国軍最高司令官総司令部）が設置され、財閥解体令や第一次農地改革などのいわゆる戦後改革が早々とスタートする。

翌四六年には経済安定本部が設置され、傾斜生産方式などの戦後経済復興政策が実行に移されるとともに、四七年五月には日本国憲法が施行された。この間、日本本土においては戦後復興の枠組みが着実に実行に移されていた。

沖縄においては、一九四五年三月二十六日、沖縄戦が開始され、四月には日本の行政権からの分離と米軍政府の設立が宣言される。七月二日に米軍は沖縄作戦の終了を宣言するが、米軍の占領下に置かれた沖縄においては、日本本土のような戦後改革は実施されず、数年間にわたって戦後政策は停滞することになる。

その背景には、沖縄政策をめぐる米軍部と米国務省の対立があったといわれている。米軍部は日本から沖縄を分離してアメリカの統治下に置き、軍事的に沖縄を保有することを主張した。国務省は、それが大西洋憲章（一九四一年）やカイロ宣言（一九四三年）で確立された「領土不拡大の原則」に反し米国の威信を損なうこと、琉球統治はかなりの財政負担になることなどを理由に、日本の領土に含めるべきだと主張し、両者は対立した。つまり、沖縄の取り扱いに関しての米国の意思決定は先延ばしされたのである。その結果、一九四九年頃までの沖縄は、戦後政策において具体的な方針のないままに放置された、「忘れられた島」となった。

米軍上陸後の沖縄には一二か所の民間人収容所が作られ、人びとはそこに入れられた。元の住居地への帰還が始まるのは、一九四五年十月以降のことであった。

当初は貨幣制度が停止されており、食料や衣類等が無償で配給され、労働可能な者は収容所建設や米軍施設の雑役、沖縄戦の後片付けなどに従事させられた。「無通貨時代」は、一九四六年四月、日本円とB円軍票が併存する通貨経済が再開されるまでの約一年間続いた。

通貨経済の復活により無償労働・無償配給制は廃止されたが、物資は欠乏し、しかも経済統制がなお継続していた。四八年五月、米国軍政府令に基づいて中央銀行的な性格を持つ「琉球銀行」が設立されたが、それには米国による五一パーセントの出資が行われた。通貨はこの間幾度か変遷したが、同年七月以降、Ｂ円軍票が琉球列島唯一の法貨となった。

一方、この時期の琉球列島は奄美群島、沖縄群島、宮古群島、八重山群島の四つの軍政区に分割されていたが、戦災の比較的少なかった奄美、宮古、八重山などは戦前からの通貨経済が継続していた。分割統治下に置かれていた群島間の渡航は禁止されており、住民は互いに孤立した状態に置かれていた。しかしながら、実態はというと、白昼公然と密航船が往来するいわゆる「大密貿易時代」が現出していたのである。

戦後沖縄の経済状況を詳細に捉えた琉球銀行調査部編『戦後沖縄経済史』（一九八四年）は、その頃の動きを次のように説明している。賃金・物価の統制や配給制などの経済統制下にはあったものの、「1947年ごろには住民の生活意欲を反映して小規模ながらも各種企業が自然発生的に勃興しはじめ（中略）陶器、漆器、帽子、織物、瓦、煉瓦《れんが》、石灰、石材、木工、製塩、鋳物《いもの》、板金《ばんきん》加工、製粉、製麺《せいめん》、味噌《みそ》、醤油《しょうゆ》、酒類など、住民生活に直結した産業が勃興し（中略）「ヤミ市場」が公然と市民権を得る」状況が出現していた、と。

一九四八年十一月に自由企業制が再開され、群島間の往来も自由化された。そして奄美、沖縄、宮古、八重山の四群島がようやく一つの経済圏となるのである。

対日占領政策と沖縄統治政策の転換

一方で、一九四九年のソ連の原爆所有と中国共産党革命による中華人民共和国の樹立、五〇年の朝鮮戦争勃発など、第二次世界大戦終了の陰《かげ》で、米ソの冷戦の進行がしだいに顕在化していった。

このような冷戦の進行を背景に、米国の初期の対日方針は大きく変更されていった。それは、日本を自由主義陣営の側に組み込むための政治的・経済的な強化政策へと転換することであった。一九四八年十月の「米国の対日政策に関する国家安全保障会議の諸勧告」により、「日本の経済復興」と「沖縄の保有」の方向が明確になる。

日本に対する賠償問題は棚上げとなり、日本の経済復興を図る政策が実行に移された。一九四八年十二月「経済安定九原則」、四九年三月「ドッジライン」などが実施され、同年四月には戦後の固定相場制のなかで日本の輸出振興の基盤となる一ドル＝三六〇円の単一レート制が実施された。

さらに、一九五〇年の朝鮮戦争特需は日本に戦後復興の契機を与えた。同年、鉱工業生産指数は戦前水準への復帰を果たし、外貨保有高は二か年で約四・五倍に急増した。五三年には一人当たりの実質国民総生産（GNP）が戦前水準を超え、五五年以降、日本の歴史に残る高度成長が始まった。五六年度の『経済白書』には、「もはや戦後ではない」という象徴的な文言が登場するようになる。

沖縄についても米側の統治政策が転換された。その目的は、沖縄の長期保持と軍事基地の拡充、そして沖縄の経済復興を図ることだった。経済復興は、沖縄の長期保有と軍事上の安全を確保する観点からもきわめて重要視された。その政策の特徴は、基地建設と同時にそれに投下される莫大な基地建設費を活用する形で沖縄経済の復興をも意図するところにあった。

まず、ガリオア（占領地域救済政府資金）予算の援助対象が拡大、増額され、経済復興目的のエロア（占領地経済復興基金）援助も新たに適用された。そして基地建設に向けた巨額な予算も計上された。労働力確保のために、基地関係労働者の賃金は大幅に引き上げられた。さらに、インフレーションを防止し、かつ、物資の供給は、域内生産基盤が皆無の状況下では輸入に頼らざるをえないという観点から、為替レートは、輸入促進型のB円高のレートとなる一ドル＝一二〇B円に設定された。

一九五〇年から五二年頃にかけて、莫大な資金を投じた基地建設が至るところで推進され、沖縄全体が空前の軍工事ブームに沸《わ》くことになった。また、輸入物資の大部分を日本から輸入させ、米軍基地工事に多くの本土企業を活用することにより、基地建設および沖縄経済復興とあわせて日本経済の早期復興を側面から支援する形をとった。

このような大規模な基地建設需要は、当時の人びとにとって巨大な収入源をもたらした。事業者も労働者も基地建設に従事し、ドル所得を稼ぎ、それでさまざまな物資を購入した。十分な域内生産力が育っていない「忘れられた島」のなかでの急激な基地需要の拡大は、否応なく沖縄経済を基地依存型輸入経済に変えていったのである。

サンフランシスコ講和条約とドル体制への移行

一九五二年四月、サンフランシスコ講和条約が発効し、奄美と沖縄が米国施政権下に置かれることが決定した。このことにより、沖縄ではまず復帰運動が大きく顕在化した。

他方で、一九五三年に米国民政府は土地収用令を公布し、軍用地の強制収用の実施や軍用地料の一括支払い方針を打ち出した。櫻澤誠《さくらざわまこと》『沖縄現代史』(二〇一五年)は、軍用地料を「低額で一括払いを行うことによって、更新手続きやその都度《つど》の地代増額などの負担を除き、基地運用の円滑化を図ろうとした」、と説明している。当然のことながら、この方針は沖縄住民の猛反撥を生み、いわゆる「島ぐるみ闘争」が展開されていくことになる。この問題は、五八年十一月、最終的に一括払い方式の廃止や地代の適正補償を米国民政府が約束することなどによって一応の決着が図られた。

なお、改定後の軍用地料は、過去にさかのぼって適用された分と前払いを希望する地主の分を含めて一九五九年から六一年前半に巨額の金額が集中的に支払われ、この時期は「ドルの雨が降る」とも言われる軍用地代ブームとなり、六〇年代初期の沖縄の高度成長の一要因となっていくのである。

しかし、軍用地の強制収用は政治や経済、社会など沖縄のあらゆる領域に緊張を引き起こした。米国政府は一九五七年から六〇年代の初めにかけて、沖縄統治政策の転換を図り、米軍基地の安定的運用に対する沖縄住民の黙認を得るために、住民の生活水準を実質的に日本の県並みにすることを目標とした経済政策を打ち出した。その一つは、一九五八年九月に打ち出されたドル通貨制に立脚した自由化体制であり、もう一つは、日本政府の財政援助を活用した沖縄の経済復興であった。牧野浩隆《まきのひろたか》『再考　沖縄経済』（一九九六年）は、「外資導入への着目――その背景には沖縄内の技術や資本蓄積欠如に加え、①基地関連収入の限界、②米国援助金の有名無実化――などから開発資金の確保が困難であるという事情があった」、と説いている。

確かに、米国の援助額は、基地建設を始めた頃の一九五〇年度の約四九五八万ドル、五一年度の約三六七五万ドルの水準から、五四年度以降は一〇〇万ドル台に激減している。このために、新たな経済対策として、Ｂ円に代えて国際的に信認のあるドルを新たな通貨とし、あわせて貿易、為替および資本取引の自由化により、外資導入の促進を図ろうとするものであった。

しかしながら、その当時、多くの国においてはむしろ自国産業の保護育成の観点から、貿易、為替の管理統制や資本取引の制限を行っている状況だった。その内部に技術や資本蓄積を欠く沖縄において自由化を促進すれば、輸入に拍車がかかることは目に見えていた。その結果、自由化政策は外資導入に関して一定の成果は残したものの、総体としては製造業よりも輸入販売業の育成を促すことになり、輸入依存体質がさらに加速されることにつながったのである。

戦後復興のなかの企業群

日本の経済システムから切り離された沖縄においても、戦後復興を担う企業群が登場する。一九四八年の自由企業制を契機に、雨後の筍《たけのこ》のようにさまざまな分野で企業が誕生した。前掲の琉球銀行調査部編『戦後沖縄経済史』は、「事業をはじめるには「行商のおばさん」から「理髪業」に至るまで免許証を受けねばならなかったが、それでも1950年10月時点における免許総件数は1万9、070件」に達した、と形容している。

また、一九四九年末から五〇年にかけて、運輸、バス、海運、食糧、石油、火災保険、生命保険などの多くの民間企業が、米軍政府の行政機関の一部民間移管の形で、米軍政府主導の形で、そしてガリオア資金の支援の形で設立された。また、そのような企業の設立や活動を背景に、後に相互銀行に移行していく無尽《むじん》会社が各地域に続々と誕生した。五〇年には長期資金供給機関として「琉球復興金融基金」が、五五年頃までには協同組合中央金庫、移民金庫、大衆金融公庫などが設立された。さらに、五六年には純然たる民間資本による普通銀行、沖縄銀行が設立されるなど、金融機関のほうも徐々に整っていった。

そのほか、一九四〇年代末から五〇年代にかけて、建設業、食品製造業、百貨店、建設資材、薬品、煙草《たばこ》製造、自動車販売、紙販売、総合食品問屋、製糖、肥料、発電、配電、証券、乳酸品メーカー、製粉、製鉄、空港ビル、ビール製造、都市ガス、セメント製造の企業が、六〇年代には、合板、生コン、情報サービス業、航空会社、石油精製など、多種多様な企業が誕生した。

ドル通貨制の下での自由化政策は、資源や技術力の乏しさ、狭隘《きょうあい》な市場、基盤整備の遅れ、優遇税制の欠如などにより、復帰直前の石油、アルミなどの駆け込み外資を除けば、期待どおりの展開は得られなかったが、それでも砂糖・パインアップル産業、セメント、ビール、清涼飲料水、繊維、プラスティックなどの分野で外資導入の実績が見られた。

他方で、企業の育成等の観点から、小麦粉、麺類、合板、鋼棒、パインアップル加工品などでは輸入規制等で貿易制限が行われ、ビールなどは輸入品に対して高率の消費税が課されていた。また、菓子、醤油、味噌、家具などの分野で物品税による保護措置が行われた。そのほか、一九五九年に自由貿易地域が設置され、米国向けのトランジスタラジオ等の組み立てなどが行われた。また、消費者啓蒙とも言うべき「島産品愛用運動」が業界を中心に展開された。

また、証券市場が未発達なことから、特殊な直接金融の一種である「模合《もあい》」の比重が高かったことが金融構造の特徴となっていた。なお、五九年には「琉球復興金融基金」を承継し、「琉球開発金融公社」が設立されている。

サトウキビやパインアップルはいずれも日本政府による特恵的措置が講じられ、復帰前の全期間を通してこの両産業が沖縄の全輸出額の約七割を占めていた。

日本の経済システムから切り離され、ドル経済圏という経済環境のなかに築かれた人口一〇〇万人足らずの小規模な経済圏ではあったが、多様な企業群が立ち上がり、そして人びとの生活を支えていたのである。しかしながら、これらの企業群は後に、日本復帰による円通貨制の経済圏への統合という大きな試練にさらされることになる。

政治の季節、そして「沖縄型高度成長」

日本本土はいわゆる六〇年安保の後、池田勇人《いけだはやと》内閣が登場し、「所得倍増計画」に象徴される「経済の時代」を迎え、引き続き高度成長の軌道を描いていった。

沖縄においては、一九六〇年代を通して祖国復帰運動の大きなうねりが生じた。六二年のケネディ新施策で将来における沖縄の日本への復帰の可能性が言及され、六五年の佐藤栄作《さとうえいさく》・ジョンソン共同声明、佐藤首相の沖縄訪問、六七年の第二次佐藤・ジョンソン共同声明など動きが続いた。そして、ついに、六九年の佐藤・ニクソン会談において、七二年に沖縄を日本に返還する合意がなされた。

この間、一九六五年には北爆の開始によりベトナム戦争が激化する。ベトナム戦争を遂行するうえで米軍の重点基地となっていた沖縄では、基地があるがゆえのさまざまな矛盾が顕在化していた。そのような状況のなかで、復帰運動とも連動しながら教公二法闘争（教職員の政治活動を制約し、争議行為の禁止等を盛り込んだ「地方教育区公務員法」「教育公務員特例法」制定の阻止闘争）や主席公選（一九六八年、琉球政府行政主席〔県知事に相当〕の住民による選挙が実現した）、国政参加（一九七〇年、衆参議員を選出）、反公害運動、反戦平和運動など政治的動きが生起し、いわば政治の季節ともいうべき時代が到来した。

しかし、そのような状況であったにもかかわらず、実は、一九六〇年代は沖縄にとって特筆すべき「高度成長の時代」でもあったのである。

一九五〇年代後半以降、沖縄経済の成長に資するいくつかの動きが出ていた。まず、スクラップ輸出ブームや糖業への本土資本導入などがあり、六〇年代以降は軍用地料・遺族年金の一括受給、砂糖・パインアップル缶詰輸出の増加、ベトナム戦争特需などと続いた。六〇年七月には米本国の直接援助枠を定めた琉球経済援助法（プライス法）が制定され、その後も枠が拡大された。米本国直接援助は軍用地問題が終結する五八年までの五年間は一〇〇万ドル台で推移していたが、プライス法による援助枠設定後は増加し、七〇年には一七四九万ドルにまで拡大している。

また、一九六一年、米国が日本政府による包括的な経済援助に同意したため、琉球政府予算には一九六二会計年度から日本政府援助（日政援助）が新たに加わった。日政援助は、六七年度には一七二〇万ドルとなり、米国政府援助を追い越した。日米両政府援助額の琉球政府一般会計歳入に占める割合は、一九六三年度に一五・八パーセントだったものが、七二年度には四五・八パーセントに達した。

このような動きを背景に、一九六〇年度から七一年度までの一二年間平均の沖縄の経済成長率（名目）は、同期間の日本経済の成長率一六・五パーセントに匹敵する、一五・四パーセントに達するほどの高度成長を遂げたのである。

一方で、復帰が具体化する頃の一九六八年度と六九年度の琉球政府一般会計の実質的な財政規模は、宮崎、島根、高知など本土類似県の六〇～六八パーセントに止まり、また、投資的経費の割合が著しく低いことが特徴ともなっていた。加えて、歳入の大半は日米両政府からの援助金が占め、財政政策の自主性は狭い構造になっていた。それはまた、基盤整備など沖縄が必要とする分野には十分に手が回らない、そのような財政構造だったということを意味している。

地域経済開発の観点から見たアメリカ統治時代

アメリカ統治下の二七年間においても、多くの経済計画が立案されている。初期の計画では、基地依存からの脱却や自立経済確立への強烈な要求が掲げられていたが、その後の計画は、財政支援のための要請文書的色彩の濃いものになった、といわれる。しかし、日本復帰が具体的な日程に上ってくる段階になると、やはり経済の自立化が重要な課題になった。復帰後には基地に依存しない自立経済の構築を目指した琉球政府は、石油精製やアルミ産業などの外資導入をめぐって、日本政府の方針と鋭く対立した。一九七〇年九月に琉球政府が策定した「長期経済開発計画」では、基地依存経済からの脱却を掲げ、自立経済への志向を強めていくことになる。

経済開発の側面からアメリカ統治時代の二七年間を振り返ると、確かに沖縄はゼロからのスタートであったが、戦前と比較すればそれなりの水準の経済発展を果たしてきたことは確かである。所得水準は戦後一〇年ですでに戦前の水準を上回り、一九五八年度には戦前の一・五倍の水準にまで到達している。人口のほうは四五年の約三三万人から、復帰直前には九六万人に達する著しい増加を見せた。

しかしながら、その成果を評価したとしても、成長を支えたのは米軍関係収入や日米両政府からの援助であった。援助額などの拡大が所得と消費水準を拡大し、フロー面での沖縄経済の規模を大きく成長させたのであり、生産力の増大というよりも、もっぱら輸入の増大という方向に沖縄経済を向かわせ、内発的な「成長のエンジン」の構築に至るようなものではなかった。

一九五九〜七〇年度までの一二年間平均の貿易依存度を見ると、日本の一六・四パーセント（輸出依存度八・六パーセント、輸入依存度七・八パーセント）に対し、沖縄は七八・〇パーセント（輸出依存度一六・二パーセント、輸入依存度六一・八パーセント）となっており、まさに沖縄は拡大する需要に対応する物的生産力がなく、輸入に頼らずには経済が成り立たない状況にあった。ちなみに、琉球銀行調査部編『戦後沖縄経済史』付録の金融経済統計に基づくと、同じ一二年間の貿易赤字の合計は約一九億八八〇〇万ドルという巨額な額に上り、これを一二年間の米軍関係収入約一六億八〇〇〇万ドル、日米政府援助額約二億二八〇〇万ドルの計一九億八〇〇万ドルで補塡《ほてん》する形となっていた。

完全失業率は一九六〇年代を通して一パーセント未満で推移し、完全雇用を達成していた。一方、就業人口は生産性の低い農業部門や基地関係の雇用に多くを依存しており、復帰直後の一人当たり県民所得は全国最下位であった。

こうして、一九七二年五月十五日に日本への復帰を果たした沖縄経済社会の姿は、「著しい社会資本整備の遅れと物的生産基盤が弱く、第三次産業に極端に偏った産業構造とそれに起因する所得格差」を有する地域であり、そのような内実を抱えたまま、日本社会にカムバックするのである。

3 日本復帰前後の状況

戦後初のパラダイム転換の時代

東西約一〇〇〇キロメートル、南北約四〇〇キロメートルの広大な海域に点在する島々と約九六万人の沖縄住民が再び日本に帰属し、同時にまた、その範囲に含まれる広大な領空や領海も日本に帰属することになった。

だが、ドルから円への交換、琉球政府・市町村の二層制から国・県・市町村の三層制への転換、司法や警察、特殊法人などの移行、復帰に向けた企業の系列化・合併の動き、基地従業員の大量解雇、交通方法変更等、これほど地域経済社会の期待と不安が高まった時代はなかった。沖縄の人びとにとって「復帰」とは、単なる領土の返還では済まなかったのである。

民族や言語は同じであるとしても、それは、長期にわたる異国の支配下で、日本とは異なった政治・経済・社会システムの下で生活してきた「九六万人の異質な経済社会」が編入されるということだった。二七年間の米国統治が沖縄の経済・社会に与えた影響と急激な時代環境の変化は、日本復帰に際してさまざまな混乱を伴うことになった。

一九六五年の佐藤首相訪沖から、沖縄の日本復帰へのカウントダウンが始まるのだが、その先に横たわる七〇年代は、第二次世界大戦後に最初に訪れた政治・経済の世界的なパラダイム転換の時代であった。

一九六五年、米国は北爆を開始しベトナム戦争が激化した。六八年にジョンソン米大統領が『ドル防衛白書』を発表、同年三月には金プール停止（欧米八か国の中央銀行が保有する金の一部を醵出《きょしゅつ》してプールし、金市場での売買を通じて金価格の変動を防いでいた）、金の二重価格制採用（各国通貨当局間の金取引は公定価格、自由市場での金取引は需給に基づく変動価格）を発表する。戦後の米国の圧倒的に強い経済力を背景として築きあげられてきたブレトンウッズ体制が揺らぎだしたのだ。

ジョンソン大統領の後を受けたニクソン大統領は、沖縄の日本復帰前年の一九七一年、突《とつ》如《じょ》金ドル兌《だ》換《かん》停止を発表する。スミソニアン協定により円は一ドル＝三〇八円に切り上げられ、七三年二月には現在に至る変動相場制に移行した。戦後日本の輸出産業を支えた一ドル＝三六〇円の固定相場制は崩壊した。そして七三年十月、第一次オイルショックが発生し、日本の高度成長時代も終わりを告げた。その後の世界経済はスタグフレーションの時代に向かう。

第一次オイルショック後、日本経済は狂乱物価、初のマイナス成長を体験し、戦後最大の不況のなかで装置産業の多くが構造不況業種になっていった。以後、日本経済の中核産業は石油や化学などの重厚長大型から、電機、機械、自動車などの加工組立型産業に移行し、やがて、安定成長時代に向かうことになる。

ちなみにその動向は、琉球政府が作成した「長期経済開発計画」（一九七〇年）を引き継ぎ、重厚長大型産業を中心とした工業化による自立経済の構築を目指した、「第一次沖縄振興開発計画」（一九七二年）の計画遂行に対して、時代環境がすでに門戸を閉ざしはじめていたことを意味する。

また、日本復帰のその時期、国際政治にも大きな環境変化が起こった。一九七一年七月のニクソン訪中発表を経て、その年に中国は国連に加盟した。翌年二月のニクソン訪中は、朝鮮戦争以来二十数年も続いた米中の冷戦に終止符を打つ歴史的な会談となった。そして七五年、ベトナム戦争が終結する。

とはいえ、沖縄が日本に復帰した一九七二年の東アジアはなお緊張に包まれていた。一部に経済成長の兆しは見られたものの、アジアの諸国の多くはいまだ経済的離陸の黎明《れいめい》期にあった。

一九六九年に策定された「新全国総合開発計画」は、沖縄を日本の「南の交流拠点」と位置づけ、さらに「第一次沖縄振興開発計画」も沖縄を「国際交流拠点」と位置づけていた。しかしそのアジアが、今日のように躍進し、世界の経済セクターとしての存在に興隆することを予期する人は少なかった。基盤整備が遅れ、物的生産基盤が弱く、基地依存型輸入経済の残影を引きずる沖縄は、その時代、アジアの中心というよりも日本の新たな縁辺部または「辺境」として登場したのだった。

復帰に向けた日本政府・琉球政府の対応

復帰が近づくと、過渡期特有の期待と不安が交錯《こうさく》する不安定さが現れた。この状況に対し、日本政府は一連の対策を展開する。

一九六九年十一月、佐藤首相は「沖縄百万同胞に贈る言葉」のなかで、復帰対策の課題として「制度面の相違」と「格差の存在」の二つを指摘し、制度的相違に対する「特別措置」や、格差を是正するための「長期開発構想」策定、沖縄住民の意思を反映させるための「国政参加」、復帰施策の推進のための「行政機構」新設などを表明した。

一九七〇年三月、「沖縄復帰対策の基本方針」が決定され、五月には「沖縄・北方対策庁」が設置されるとともに、「沖縄住民の国政参加特別措置法」が成立して十一月に初の国政選挙が実施された。琉球政府は同年八月「復帰対策大綱」を策定し、そのなかで、国の責任と義務において、本土との格差の是正、基地依存経済からの脱却を訴え、そのための「長期経済開発計画」の策定と、それを担保する「特別措置法」および「国の財政支出」を求めた。また、六月には、復帰時の激変緩和措置として「本土法適用に関する準備措置」も提起している。

他方では、一九七〇年から七一年にかけて、多くの経済団体などから数多くの要請書が日本政府に提出されており、政府の特段の配慮を求めている。

このような状況を踏まえて、日本政府はさらに一九七〇年十一月以降、三次にわたる「沖縄復帰対策要綱」を公表する。第一次分では、特に県民生活および産業活動に重大な影響を及ぼすと思われるものが優先的に打ち出された。例えば、通貨交換や日本銀行営業所の設置、糖業・パインアップル産業の取り扱いや観光税制、企業対策などが示されている。

七一年三月の第二次分においては、「新全国総合開発計画」を改定し、沖縄を一つのブロックとして組み入れることや、「沖縄振興開発金融公庫」の設立、「含蜜糖対策」「自由貿易地域」の設置などが示された。

七一年九月の第三次分では、「沖縄開発庁」や「沖縄振興開発審議会」「沖縄総合事務局」

の設置が明らかにされた。また、税制などの分野では、「酒税」「物品税」「砂糖消費税」「揮発油税及び地方道路税」について、「復帰後一定期間所要の減免措置」を講じ、「石油ガス税」は段階的に本土の税率に移行する特別措置を講ずるとした。

これらの内容は、最終的には「沖縄の復帰に伴う特別措置に関する法律案」「沖縄の復帰に伴う関係法令の改廃に関する法律案」に集約された。さらに、沖縄の経済社会の振興開発を図る政策を樹立する観点から、いわゆる開発三法と呼ばれる法律案（「沖縄振興開発特別措置法案」「沖縄開発庁設置法案」「沖縄振興開発金融公庫法案」）があわせて策定された。

基地従業員の大量解雇、ドル切り下げ

その時期に、県民生活や経済活動に大きな影響を与える予想外の事態が起こった。一つは、米軍による基地従業員の大量解雇である。基地従業員数のピークは一九六八年の約四万人で沖縄県の全就業者の約一割を占めていたが、七二年には約二万人に半減した。その後も減少を続け、七七年には一万人を割ることになる。復帰時の沖縄の就業者数が約三六万人であったことを考えれば、基地従業員の大量解雇は、復帰後の高失業率体質の出現に大きな影響を与えた可能性が高い。

先述したように、一九六〇年代の沖縄は完全失業率が平均一パーセント未満の「超完全雇

用社会」であった。就業構造について言うならば、六〇年代を通じて農林業が全就業者の二八〜四六パーセント、基地従業員で八〜一〇パーセントを占めていた。また、六〇年代後半から復帰直後までは本土就職も激増し、労働需給の逼迫に影響を与えていた。

ところが、復帰が確定するに至ると、復帰不安から一般企業の採用手控えが発生した。その状況に、基地従業員の大量解雇やオイルショック後の日本経済の停滞による本土就職者の減少、そして離農や新規学卒者の滞留などが加わったために、復帰後の沖縄の最大課題となる高失業率問題が出現することになったのである。

予想外の事態の二つ目は、一九七一年八月のニクソンショックに伴うドル切り下げである。ドルの切り下げは資産の減少を意味し、同時にまた、復帰時点の交換レートしだいでは給与所得などの実質的引き下げにつながる。

日本政府は通貨確認日を設定し、その時点での現金、金融機関に対する純資産については、復帰時に一ドル＝三六〇円で補償した。しかし、対象が限定的だったことや確認日以降に得られた資産についての補償がないなど問題は多かった。その後、一ドル＝三六〇円での給与保障をめぐり労働争議も多発し、給与の保障分の価格転嫁が行われた。さらには、為替レート変更に伴う輸入物価の上昇、通貨切り替え時の端数切り上げによる便乗値上げなども発生した。

復帰後の四年間は、オイルショックや公共投資の激増などもあり二桁の物価上昇率が続いた。例えば一九七四年には二七・一パーセント（那覇市）を記録した。

円経済圏への統合、新たな幕開け

個々の企業にも試練が待ち受けていた。日本復帰の経済的な側面の一つは沖縄経済が新たに円経済圏に組み込まれるということであり、本土企業との競争が避けられない環境になるということでもあった。企業はそれぞれに防衛策を探り、本土企業への系列化、地元企業同士の合併の動きも出た。また、本土との商慣習の違いも沖縄の企業を戸惑わせた。手形詐欺《さぎ》事件に巻き込まれるなどの、移行期特有の混乱も生じている。

真栄城守定《まえしろもりさだ》『沖縄経済――格差から個性へ』（一九八六年）は、復帰後の経済状況について次のように述べている。「本土復帰前には島産品保護策として「物品税」（＝関税）障壁と外資導入制度によりチェックされて成立していた製造業が、味噌、醬油、家具などに典型的にみられるように、本土商品の流入により淘汰《とうた》されていった。そして、現在の製造業は、復帰後の建設需要の増加によって誘発された建設関連業種、すなわち、コンクリート二次製品、骨材など輸送コストのかかる建設関連製造業と鮮度を重視する菓子類、ソフトドリンク、豆腐などの食品関連製造業が主体をなしている」、と。そしてまた、「復帰とは、換言すれば、対本土自由化であった。その結果、本土商品の攻勢をうけて消滅した製造業は多数にのぼり、現在、残存しているものは本土商品と競合のうすい、いわば移入困難な業種に限られているといっても過言ではない」、と。

しかしその一方、観光産業が急激に伸び、農業の分野では野菜、花卉《かき》など端境期《はざかいき》を利用して本土市場への出荷を果たす動きも出ていた。

沖縄の日本復帰を記念する復帰三大事業として、沖縄復帰記念植樹祭（一九七二年）、若夏《わかなつ》国体（一九七三年）、国際海洋博覧会（海洋博、一九七五年）が開催された。海洋博は道路や空港、港湾などのインフラ整備を促進したが、本土資本の進出や土地買い占め、環境問題などを発生させ、終了後は「海洋博不況」と呼ばれる状況も出現させた。しかし、他方で、観光に関するインフラを短期的に整備するという効果をもたらした。

沖縄が日本に復帰した時期、日本本土では七〇年安保をめぐって再び政治の季節が到来した。四日市《よっかいち》公害訴訟に象徴される公害問題に対する人びとの関心も高まり、沖縄でも、石油備蓄基地建設をめぐって反対運動が展開された。そして、ニクソンショックとオイルショックにより、一ドル＝三六〇円体制および資源安の時代は終わりを告げ、戦後日本の高度成長の軌跡は途切れた。そのような時代環境において、ドル経済圏にあった沖縄が、円経済圏のシステムに復帰したのである。

第Ⅲ章　アジアのフロントランナーを目指して

――沖縄振興の新しいパラダイム

1　四次四〇年の成果と課題

著しい格差からの出発

基地経済からの脱却、そして自立経済の構築を目指して日本に復帰した沖縄だったが、その眼前にはいくつもの経済上の難題が待ち構えていた。

一つは、復帰とほぼ同時に発生したニクソンショックや第一次オイルショックという、世界的なパラダイム転換の時代に遭遇したことである。二つ目は、あらゆる社会基盤が立ち遅れており、それらの整備に予想以上の時間を要したことである。三つ目は、二度にわたるオイルショック後もプラザ合意や冷戦の終結、バブル崩壊、大競争時代の到来、情報通信革命などの時代環境の変化が日本経済を揺さぶり、地方経済をも翻弄《ほんろう》しつづけたことである。四つ目は、日本が得意とする輸出製造業の分野における沖縄の地理的・自然的な不利性、すなわち経済振興における宿命的な「辺境性」である。

これらの問題は、その克服に相当なエネルギーと時間を要するものばかりであり、予算や人的資源の投下により比較的着実な進捗《しんちょく》が期待されるはずの基盤整備でさえも、その達成は容易ではなかった。

琉球新報社編『復帰後全記録　現代沖縄辞典』（一九九二年）により復帰時点における全国との格差を見てみると、例えば自動車一台当たりの道路延長は全国平均の約三七パーセントでしかなく、高速道路や鉄軌道を持たない沖縄の交通環境はきわめて厳しい状況が続いた。また、ごみ焼却施設は約四四パーセント、一人当たり公園面積は約二八パーセントであり、生活基盤の遅れも甚《はなは》だしかった。農地の整備率は約八パーセントにすぎず、一〇万人当たりの病床数は約五七パーセントで、医師不足も甚だしかった。水資源開発はほとんど復帰後に進められたので、県民は復帰後約二二年間も給水制限に悩まされた。

教育施設の遅れも甚だしく、校舎整備率は小中学校で約七八パーセント、高等学校で約七一パーセントであり、プール設置率に至っては小中学校で約一八パーセント、高等学校ではわずか約七パーセントに止まっていた。ちなみに復帰直後の高校進学率も、全国平均約八七パーセントに対し、沖縄は約七一パーセントという低水準にあった。

つまり、生活基盤をはじめ交通基盤、産業基盤など、あらゆる基本的なインフラを同時並行的に、かつ集中的に進めなければならなかったのが復帰後の沖縄の姿だったのである。一方、基盤整備に忙殺されるなか、産業振興に関していえば、オイルショック以降の激変する内外の経済環境の変化にも翻弄され、基軸として振興すべき産業分野を見定めることができないまま時間が経過した。

そして、産業育成がままならない状況下において、集中的な公共投資は沖縄の経済構造を財政移転に大きく依存する特質へと誘導することとなった。沖縄内部において、沖縄にふさわしい産業分野についての実質的な検討が始まるのは、一九九〇年代中頃以降のことなのである。第四次となる「沖縄振興計画」（二〇〇二年）の段階になって初めて、「産業振興」がメインの目標に位置づけられ、観光産業や情報産業の振興、特別自由貿易地域を活用した製造業の振興などが主要なテーマとして設定されていくことになった。

そこで、第一次から第四次までの四〇年間の「振興計画」を振り返りながら、その特徴や成果、課題などを概観しておきたい（第一次から第三次は「沖縄振興開発計画」、第四次は「沖縄振興計画」、第五次は「沖縄21世紀ビジョン基本計画」と称する）。

沖縄振興体制

沖縄振興に対しては二つの方向で政策が展開された。

その一つは、「沖縄の復帰に伴う特別措置に関する法律」に基づき、日本復帰に伴う激変緩和策として、内国消費税に関する特例などが定められた（そのなかの「酒税の減免措置」や「揮発油税及び地方道路税の軽減措置」などは今日まで延長されている）。もう一つが沖縄開発三法と呼ばれるもので、「沖縄振興開発特別措置法」「沖縄開発庁設置法」「沖縄振興開発金融公庫法」に基づいて展開された沖縄振興政策である。

「沖縄振興開発特別措置法」では、沖縄の振興開発は、沖縄の特殊事情に鑑み国が責任を持って進めなければならないものとされ、振興開発計画の原案を県知事が作成し、内閣総理大臣がそれを沖縄振興開発審議会の議に付し、そのうえで関係行政機関の長と協議して決定する、とされた。

振興開発事業の実施にあたっては、日本最高水準の「高率補助」（第Ⅳ章第1節で後述）が適用された。また、県や市町村が行う事業を国が直轄で行える「事業主体の特例」なども定められた。産業振興のための特別措置としては、「工業開発地区」と「自由貿易地域」の二つの制度が設けられた。

そして沖縄振興のための行政組織として沖縄開発庁を設置し、各省庁にまたがる沖縄振興予算を一括計上できることとした。さらに、沖縄における政策金融を一元的、総合的に行うための機関として沖縄振興開発金融公庫が設置された。

このような仕組みの下で、沖縄振興の各施策は展開されていくのである。

基盤整備の時代――「第一次・第二次沖縄振興開発計画」

「第一次沖縄振興開発計画」は一九七二年度から八一年度までの一〇年間を計画期間として策定された。その計画では「格差是正」と「自立的発展の基礎条件の整備」の二つが目標として掲げられた。高度成長を前提として一〇年間で一人当たり県民所得を約三倍に引き上げ、本土平均の八〇パーセントの水準とすることが目標とされた。そのために、新規企業の導入などで製造業出荷額の大幅な拡大を図り、産業構造は第二次産業の比重を一八パーセントから三〇パーセントへと大幅に引き上げることが目標とされた。

しかしながら、先述したように、沖縄を日本復帰の入り口で待ち構えていたのは一九七一年のニクソンショック、七三年のオイルショックとそれに伴う高度成長の終焉《しゅうえん》であり、沖縄の基盤整備が緒に就く以前に、石油や造船などの装置産業はすでに日本経済という舞台の中心から遠のきはじめていた。結果として、「第一次沖縄振興開発計画」で夢見ていた沖縄本島東海岸臨海部における重厚長大型の企業誘致はもとより、内陸型の繊維工業製品や電気機械器具などの企業の立地も進まなかった。また、この期間に新たに顕在化した問題が、その後も沖縄経済・社会の最大の課題となる失業率の上昇であった。一方で、この期間は、大規模な公共事業と海洋博後の沖縄観光の知名度の向上による観光産業の進展などがあり、全体として経済規模は拡大を遂げた。

「第二次沖縄振興開発計画」は一九八二年度から九一年度までの一〇年間を対象とした。一九八〇年代後半にはバブル景気も経験するが、中長期的に見れば日本経済は低成長へと移行し、財政再建が国政の課題に上る時代だった。沖縄の基盤整備はなお道半ばであり、「第一次」と同じ計画目標が掲げられた。「第一次」の産業振興戦略が不調に終わったこともあり、「第二次」の計画フレームでは、「第一次」のような製造業の振興による大幅な産業構造の変化を目指すものとはなっていない。また、一九八五年のプラザ合意は日本の国内製造業の空洞化を促し、八七年のリゾート法（総合保養地整備法）制定では、沖縄もリゾート開発の熱狂を浴びることになった。この計画期間中も自立経済の糸口を求めて模索が続くが、旺盛《おうせい》な公共工事や観光関連の民間投資、観光収入の増加などにより県経済は拡大を続けた。

なお、この時期の特記すべき県独自の施策事業として、一九九〇年に策定された「リゾート沖縄マスタープラン」があり、全国的にはまだ目新しい自治体プロジェクト、沖縄コンベンションセンターの整備、沖縄県立芸術大学の設置がある。今日の沖縄が目指す観光立県の重要な布石となった事業である。

なお続く基盤整備の時代――「第三次沖縄振興開発計画」

「第三次沖縄振興開発計画」は、一九九二年度から二〇〇一年度までを計画期間とする。だが、その策定作業期間もまた、一九八九年の冷戦終結、九〇年のバブル崩壊、九一年のソ連消滅という世界史的なパラダイム転換の時代に遭遇する。

また、一九九〇年代は国内政治では五五年体制が崩壊し、沖縄では大田昌秀《おおたまさひで》県政の下で基地問題が高まりを見せていた頃であるが、後述するとおり、産業政策においても、地域特性を踏まえた独自の産業展開に舵を切りはじめる転回点となった。

「第三次計画」の内容としては、まず基盤整備については那覇空港の滑走路増設が位置づけられた。産業政策の分野では、引き続き製造業展開のための工業団地等の産業基盤整備の促進や加工組立産業、バイオ産業展開の必要性が謳《うた》われるとともに、頭脳立地法（地域産業の高度化に寄与する特定事業の集積の促進に関する法律）に基づく拠点研究施設、トロピカルテクノセンターの活用が提起されている。また計画の観光部門は「観光・リゾート地の形成及びレクリエーションの振興」とされ、「リゾート」という文言が前面に出た。

「第二次計画」後半期のリゾート法成立によって、観光リゾート産業への期待は膨らみつつあった。ちなみに、一九九一年に沖縄の観光客数は初めて三〇〇万人の大台に乗り、産業としてのボリュームを感じさせる大きさにまで達した。

「第三次計画」に入って、大規模プロジェクトのなかからようやく完成に至るものが増えた。水資源の開発もしだいに整備が進み、給水制限もようやく収まった。農業の大規模国営灌漑《かんがい》排水事業である八重山の宮良川《みやらがわ》地区は九二年に事業竣工《しゅんこう》、ミカンやマンゴー、ゴーヤーなどの害虫であるミバエの全県根絶が九三年、工業開発基盤である沖縄本島東海岸地域の工業団地竣工に至っては九〇年代の初めであり、工業団地への工業用水給水開始は九四年になってからである。産業振興では、そもそも立地条件において不利性の克服に難渋したが、それ以前に企業活動に不可欠な各種基盤の整備も大幅に後れていた。

沖縄における産業政策論

一九九五年に米兵による少女暴行事件が起こり、基地問題が大きくクローズアップされることになったが、同時期、沖縄県においては基地返還アクションプログラムと国際都市形成構想が策定された。

「第三次計画」の中途であったが、日本政府は沖縄政策協議会の設置、沖縄特別振興対策調整費（特別調整費）の創設などを通して、あらためて沖縄振興を支援する姿勢を明確にした。その結果、一九九七年には観光振興のための航空機燃料税の軽減措置、九八年には経済地域制度・特区としての情報通信産業地域制度や観光振興地域制度、特別自由貿易地域制度の創

		「沖縄県マルチメディアアイランド構想」(98)
沖縄振興計画(2002〜11年度)	情報通信産業特別地区の創設(2002) 金融業務特別地区の創設(2002) 産業高度化地域の創設(2002)	計画期間中，古宇利架橋等3架橋，羽地，大保，金武ダム完成 国立沖縄工業高等専門学校開学（2004） 沖縄都市モノレール（2003） 博物館，美術館完成（2007） 那覇空港貨物ターミナル（2009） ANA国際航空貨物ハブ事業開始（2009） 那覇うみそらトンネル開通（2011） 沖縄科学技術大学院大学開学（2011）

4次にわたる計画における制度等と主要な事業および施策

設が図られた。

その動きと前後して、県では別途「沖縄県産業創造アクションプログラム」の策定作業を開始していた。沖縄の地域特性を活かした将来の基盤産業の方向を模索する動きとして注目すべきものであった。九七年に公表されたが、そのなかで今後六つの中核産業を作ることが提案されている。食品、医療バイオ、観光関連、情報、環境、物流である。そして、一九九八年には沖縄県マルチメディアアイランド構想が策定された。情報通信関連技術が劇的に進展していくなかで、沖縄の豊富な若年労働力を活用しつつこの分野に活路を見出そうとした。

さらに、二〇〇〇年には沖縄政策協議会の下で、これまでにない実効性の高い具体的な産業戦略を掲げる「沖縄経済振興21世紀プラン」が公表された。このような動きを踏まえて、第四次となる二〇〇二年の「沖縄振興計画」において、「フロンティア創造型の振興策」という、沖縄の地

	制度等	主要な事業および施策
第１次沖縄振興開発計画（1972〜81年度）	予算の一括計上，高率補助制度 復帰特別措置に伴う税制特例等 工業開発地区の創設 自由貿易地域の創設	水，エネルギー，交通，生活環境，教育，医療，農業，漁業，工業等各種社会資本の整備開始 離島架橋，離島空港，港湾，電気，水道等離島基盤整備の開始 沖縄復帰記念植樹祭（72），若夏国体（73），沖縄国際海洋博覧会（75） 沖縄自動車道（石川—名護）完成（75） 「中城湾港開発基本計画」（80） 琉球大学医学部設置（81）
第２次沖縄振興開発計画（1982〜91年度）	自由貿易地域（那覇地区）の指定（87）	計画期間中，離島架橋（３か所），離島海水淡水化施設（５か所）完成，本島北部５ダム等完成 泊大橋完成（86），那覇空港拡張（86） 沖縄自動車道（那覇—石川）完成（87） 沖縄海邦国体（87） 県立芸術大学開学（86） コンベンションセンター（87），県庁舎（90） 「リゾート沖縄マスタープラン」（90）
第３次沖縄振興開発計画（1992〜2001年度）	「沖縄政策協議会」「特別調整費」（96） 航空機燃料税等の軽減措置の創設（97） 情報通信産業振興地域の創設（98） 観光振興地域の創設（98） 特別自由貿易地域の創設（98） 沖縄型特定免税店制度（98） 高速道路料金引き下げ（99）	計画期間中，離島架橋（10か所），漢那，倉敷ダム，北谷海水淡水化センター等完成 国営灌漑排水事業宮良川地区竣工（92），ウリミバエ根絶（93），中城湾港１次埋め立て分竣工（94） 首里城公園（92），全国植樹祭（93），平和の礎（95） 沖縄職業能力開発大学校設置（99），名桜大学開学（94），県立看護大学開学（99） 那覇新都心地区（基地跡地）供用開始（97） 那覇空港国内線旅客ターミナルビル完成（99） 那覇空港自動車道供用開始（2000） 万国津梁館完成（2000） 九州・沖縄サミット開催（2000） 琉球王国のグスクおよび関連遺産群世界遺産登録（2000） 「沖縄県産業創造アクションプログラム」（97）

域特性を意識した産業振興策が沖縄振興計画のなかで初めて重点的に打ち出され、「民間主導の自立型経済の構築」が基本方向に掲げられた。

これらの産業振興戦略については、観光リゾート産業は言うに及ばず、沖縄における情報通信関連産業の今日の集積や実績を見ると、その政策には一定の評価が与えられるだろう。例えば、二〇一四年現在の情報通信関連産業の就業者数は四万人近くに及び、この数字は同年度の沖縄の農林業従事者数約二万七〇〇〇人や製造業就業者数約三万人を凌駕《りょうが》している。言うまでもなく、このボリュームは情報通信関連が確固とした一つの産業になったことを意味する。どの地域であれ、新しい産業を一五年程度で作り出すのはなかなか至難の業であり、ましてや沖縄のような不利性を抱えた地域ではなおさらのことである。

企業の立地は、結局のところ、その地域に競争優位性が存在しなければ進まないものである。なぜならば、企業の行動原理は利潤の最大化にあるからである。絶えず変化する時代環境のなかで、地域の持つ強みと弱みもまた変化する。したがって、政策当局は競争優位性のある部分に的を絞り、リアルな姿勢で経済振興を進める覚悟が求められるのである。

あらためて第一次から第四次までの計画期間ごとに、表によりその産業制度や主要な施策・事業の変遷を見てみると、制度の面では第一次期間中に工業開発地区および自由貿易地区制度を創設、第二次では自由貿易地域の具体的な指定を行ったが、その優遇制度は企業を引きつけるほどのものとはならず、目に見えるほどの実績を残しえていない。第三次計画の中盤頃から、ようやく法人税三五パーセントの所得控除などの大胆な優遇税制などを具備した、一定のボリュームの産業政策が打ち出された。

また主要な施策・事業については、第一次、第二次計画までは交通基盤や水資源、生活基盤、医療基盤、教育基盤、離島の空港、港湾、道路、電気、水道など基本的な基盤整備が中心となっている。大規模プロジェクトもあるがそれらは完成までかなりの時間がかかった。第三次計画の期間になって初めて、大学などの教育機関や基地跡地整備、観光施設整備、世界遺産登録、サミット開催など公共事業以外の地域振興につながる施策やプロジェクトが出てくる。宮古、八重山地域の民放TV放送開始もこの時期である。そして第四次計画においてもこの動きは継続し、沖縄科学技術大学院大学の開学や国際貨物ハブ事業などのユニークなプロジェクトが浮上してくるのである。

四次、四〇年の成果と残された課題

四次、四〇年にわたる「振興計画」によって、水やエネルギー、交通、医療、教育その他の各種基盤整備については顕著な進捗が見られた。また、産業振興の面でも観光、情報通信関連産業の分野で一定の成果が見られるようになった。

沖縄県企画部『経済情勢　平成27年版』によると、観光客数は日本復帰（一九七二年）時の約四四万人から、二〇一一年には約五四二万人（この間のピークは二〇〇八年の六〇五万人）にまで増加し、情報通信関連企業の立地数は二〇〇二年時点の五二社から、二〇一一年には二三七社へと増加した。一人当たりの県民所得の格差は、復帰時の約六一パーセントから、二〇一一年には約七四パーセントにまで改善したのである。さらにまた、基地関連収入の県民総所得に占める割合は、復帰時の約一六パーセントから、二〇一一年には約五パーセント程度にまで縮小した。明らかに、四次にわたる「振興計画」とその施策展開は、県民生活を向上させる実績を達成したのである。

しかしながらその一方で、財政依存度（政府消費＋公的投資）は復帰時の約二四パーセントから、二〇一一年には約三七パーセントにまで拡大した。一人当たり県民所得をはじめ、失業率や非正規雇用率、学力、保育所の待機児童数はなお全国最下位の水準に低迷していた。経済環境としての高コスト構造、市場の狭隘性といった島嶼県の不利性を払拭するには至っておらず、交通対策や離島振興、基地跡地利用等の課題は依然として残されていた。四次、四〇年に及ぶ「振興計画」の成果を、県民が生活のレベルで十分に実感できるまでには至っていなかった。

県民の目線に立ち、また県民の知恵や思いに立脚して、沖縄振興の新たなパラダイムを検討する必要がある、という気運が高まった。その答えが、「沖縄21世紀ビジョン」として登場することになる。

2　自ら描く「沖縄21世紀ビジョン」

初めて描く長期構想

「沖縄21世紀ビジョン」は、県民が自ら未来のあり方を描いた長期構想である。他の自治体では従来から「計画」の前提として県民の将来像となる「構想」が作られているが、沖縄では初めての試みだった。

第1節で紹介した四次、四〇年にわたる「振興計画」は、「格差是正」や「自立的発展の基礎条件の整備」などの計画目標を達成するための行政施策であり、県民が主体的に、自らの将来をこうしたいと描く県独自の将来像を示した構想とは異なるものである。また、「振興計画」は手続き上の観点から言えば、最終的には政府によって決定される計画であり、国の責任で沖縄の振興を図るという大きな意義はあったものの、県の主体性という観点から見れば課題が残されていた。

二〇一二年は沖縄が日本に復帰した一九七二年から数えて四〇年目の節目に当たり、第五次計画を従来どおりに策定するのか、それとも、四〇年間の成果と課題を踏まえたうえで、県民主導の構想や計画を新たに立ち上げるべきかが問われた。

県民主導の新たな計画を策定するという方針の下で、有識者による検討の場を用意するとともに、多くの機会を捉えて県民の意見や思いを集約する作業が行われた。それらの多様な意見を整理し総括する過程を重ねながら、「沖縄21世紀ビジョン」は構築されたが、その内容は新鮮なものだった。

「沖縄21世紀ビジョン」に込められた県民の意見や思いは、基盤整備に対する要求の優先順位が大きく後退し、「自然・伝統・文化」「医療・福祉・防災」「産業・雇用」「交流・共生」「教育・人材育成」などが前面に出るものだった。これら五つの分野は、県民が求める「五つの将来像」として整理された。さらに、それに加えて、沖縄の地理的、自然的、歴史的、社会的諸条件から生起する課題である「基地跡地」「離島」「交通ネットワーク」「地域主権」に関する分野は、沖縄の「四つの固有課題」としてまとめられた。

「沖縄21世紀ビジョン」の五つの将来像は、ようやく断水の不安から解放され、交通の利便性の向上や生活環境の改善などが進み、基盤整備の時代も一区切りついた段階に県民が立ったことを意味している。沖縄振興が一定のレベルに達した段階において、生活の質の向上にかかわるテーマに県民の関心が移行したことを示しているのである。

復帰後四〇年余も引き続いて存在する諸課題、すなわち県民所得最下位、完全失業率全国一、非正規雇用率全国一、学力最下位、若者のニート率全国一、離島の不利性などの問題を抱えつつも、それなるがゆえに、次代を担う子どもたちのために生活の質の向上を求めた。

その一方で、この間の時代潮流の変化は沖縄の地域特性の意味性を大きく変えた。例えば、後述するように、アジアの擡頭と経済のグローバル化は、これまで日本の辺境であった沖縄の地理的位置を、文字どおりアジアの中心に変えた。さらにまた、情報通信技術の革命的な発展は沖縄の距離的不利性を緩和し、情報通信関連産業の集積を可能とした。そして、広大な海域や島嶼環境、亜熱帯気候、独特な歴史などが貴重なリゾート資源に転化した。すなわち、時代環境の変化とともに地域の弱み・強みという構造は変化していくことをわれわれは経験したのである。

では、これらの動きを踏まえた地域振興戦略を展開するためにどのような道筋を描くべきかという課題と、その際の予算や制度など行政資源をどのように確保して投下すべきかという課題もまた浮上した。したがって、新たな沖縄経済社会の地平を切り開くために、これまでにない戦略と手法が求められることになったのである。

四〇年にわたり国が決定してきた「振興計画」の時代から、基本構想となる「沖縄21世紀ビジョン」を策定し、さらにそれに基づいて、沖縄県が自らの手で作成する「沖縄21世紀ビジョン基本計画」の時代へと転換した。後に触れることになるが、「21世紀ビジョン基本計画」に連動する一括交付金の誕生を含め、沖縄振興は新たなステージに向かって進んでいくことになる。

時代が求める新たな地域振興の条件

工業化、企業立地は、かつて地域振興の代名詞だった。いかにして企業や工場の誘致を図るか、これが地方行政の政策担当者たちの課題だったのである。

だが、プラザ合意や冷戦終結後に進展した経済のグローバル化は、国内製造業の空洞化、すなわち海外への企業や工場の移転を促し、地方における地域振興政策を大きく揺さぶった。ひと頃の地方自治体においては、多額の補助金を投じて企業や工場を誘致し、そこに雇用を確保してヒト、モノ、カネの集積を意図する政策が流行した。しかし、これらの企業のなかには、擡頭するアジア諸国との競争に敗れ、工場閉鎖や縮小を余儀なくされる事例が多発した。企業は利益極大化を目指して行動する。彼らの行動原理は福祉目的ではないのである。

地域振興とは、身もふたもない言い方をすれば、いかにして地域にヒト、モノ、カネ、情報を集積させることができるか、この点に尽きる。極論すれば、分野を問わず、地域の競争優位性を踏まえた産業を強化するほかはないのである。

加えて、近年の地方を中心として急激に進展する少子・高齢化や人口減少は地域の活力を削ぎはじめている。そしてまた、雇用があれば人が集まるという時代でもなくなった。潤いのある生活環境、安心できる医療や満足できる教育など、人びとの求める基準もレベルアップしている。

今やリーディング産業を作るという所業は、国内競争のみを前提に戦略を練るだけではすまされない時代になった。グローバル競争時代に打ち勝つことのできる力のある産業分野を構築する必要があり、そして人びとが求めるより高次な生活環境も併せて作る必要が出てきた。

果たして沖縄に、グローバル化の波に押し流されず、競争できるような経済的・社会的諸条件は存在するのだろうか。それは、「沖縄21世紀ビジョン基本計画」の根底に置かれた不安であると同時に、そのような経済社会を作ろうという強い覚悟でもあった。

顕在化しはじめた沖縄のポテンシャル

一九九〇年代以降の時代潮流のうねりは、製造業の空洞化や人口減少などによる地域経済社会の停滞への懸念をもたらしたが、意外なことに、沖縄においては内包するポテンシャル（潜在能力）をより際立たせる方向に働いた。

その一つ目は、少子・高齢化や人口減少が進む日本のなかにあって、二〇二五年まで唯一人口が増えつづけると予想される地域ということである。拡大するマーケット、豊富な若年労働力を有しつづける点で沖縄は国内では稀有《けう》な地域となりつつある。

二つ目は、東アジアの中心に位置するという地理的優位性である。中国や韓国、台湾、香港など周辺アジア諸地域のダイナミズムが現出する中心に位置し、半径四時間以内の航空圏内にアジアの主要な都市が入る沖縄は「日本の辺境」から、文字どおり「アジアの中心」に性格を変えたのである。このことは全日空（ANA）が主導する国際貨物ハブ事業の展開や、近年のアジア人観光客の爆発的な増大が証明している。

三つ目は、豊かな観光資源を有していることである。世界的なホテルブランドが沖縄に注目しはじめ、沖縄は徐々に「日本のリゾート」から「アジア有数のリゾート地」に変貌しつつある。観光資源がヒト、カネ、情報を呼び寄せる。二〇一五年度は、約一七〇万人の海外観光客を含む約八〇〇万人が沖縄を訪れた。離島ものべ三一〇万人（二〇一三年度）が訪れる重要な観光資源となっている。

四つ目は、人口一一七万人（二〇一四年現在）を有する全国有数の大都市圏である沖縄本島中南部都市圏のポテンシャルである。豊富な労働供給能力や市場形成能力、高次都市機能の集積、二四時間都市などの大都市圏ゆえのサービス機能やポテンシャルがある。那覇空港は国内有数の国内路線数という利便性も備えており、アジアと日本をつなぐ拠点機能を有している。

五つ目は、将来において、沖縄本島中南部都市圏での大規模な米軍基地の返還が進めば、約一一七万人が居住する人口密集地域に、新たに巨大な開発可能空間が出現することを意味し、きわめて大きな開発利益が期待されることである。

こうした優位性や可能性の問題を挙げたのは、裏返して言えば、それらをどう活かすかが絶えず沖縄には問われていることを確認するためであった。すなわち、目前の問題点をどう克服するかという不断の格闘を重ねながら、その先に横たわるはずの望ましい沖縄像を展望するための与件を確認したかった。以下に具体的な事情や経過を説明しておきたい。

国家政策と沖縄の現状のギャップ

二〇〇八年九月にアメリカで発生したリーマンショック後の日本の経済成長率は二〇〇八年と〇九年、連続してマイナスを記録した。沖縄ではリゾート開発案件の凍結や観光客の減少はあったものの、他の地域とは異なり、工場閉鎖や派遣切りはなかった。

	1972年度		1989年度		2007年度	
	沖縄	九州 6県	沖縄	九州 6県	沖縄	九州 6県
第1次産業	7.3	13.8	3.6	7.0	1.8	3.4
第2次産業	27.9	28.7	21.4	29.2	12.1	23.8
（製造業）	（10.9）	（15.4）	（6.4）	（17.9）	（4.5）	（17.9）
（建設業）	（16.4）	（12.1）	（14.6）	（10.8）	（7.4）	（5.6）
第3次産業	67.3	60.2	77.8	66.6	90.1	75.6

産業別の県内総生産割合（福岡県を除く九州6県との比較，単位：%）
出所：「県民経済計算年報」
出典：第19回沖縄振興審議会資料（内閣府ホームページ）

資料で見るとおり、沖縄の県民総生産に占める製造業の割合（二〇〇七年）は、九州六県（福岡県を除く）平均の一七・九パーセントに対してわずかに四・五パーセントである。リーマンショックが発生した〇八年の製造品出荷額は前年度の最下位から四六位になったものの、四五位の島根県の約六割弱に止まり、その内容も、石油製品を除くと食料品関連などが大部分であり、自動車、電機、機械など輸出の主力産業は皆無なのである。輸出製造業のための経済政策は、沖縄の産業構造ではあまり意味を持たない。

また、かつてのコメを対象とした戸別補償政策なども、サトウキビ作中心の沖縄農業にとっては正反対に働いた。広大な海域に島々が点在する地理的・自然的な環境下では、高速道路の無料化や整備新幹線などの国家政策も大きな影響力を持ちえない。県内離島航空運賃および離島船賃の一キロメートル当たり単価は、新幹線の同単価の約二倍、JR普通線の約二・五倍の水準であった。

県名	合計（順位）	出荷額		
		第１位	第２位	第３位
沖縄	575,337（46位）	210,843 石油製品	129,836 食料品	59,318 飲料・煙草・飼料
大分	4,207,186（24位）	691,595 鉄鋼業	618,533 化学工業	590,529 石油製品
熊本	2,639,281（31位）	487,566 輸送用機械	353,859 電子部品	291,104 食料品
鹿児島	1,913,374（36位）	569,431 食料品	419,490 飲料・煙草・飼料	393,564 電子部品
佐賀	1,784,282（38位）	288,273 食料品	239,378 電子部品	182,079 輸送用機械
長崎	1,585,370（40位）	385,870 輸送用機械	336,427 一般機械	275,532 電子部品
宮崎	1,300,728（41位）	235,572 食料品	179,477 電子部品	135,957 化学工業
秋田	1,261,500（42位）	369,363 電子部品	171,377 一般機械	100,588 化学工業
青森	1,217,168（43位）	280,089 食料品	159,717 一般機械	128,673 鉄鋼業
鳥取	993,276（44位）	296,226 電子部品	114,107 電気機械器具	109,256 食料品
島根	988,119（45位）	188,047 情報通信機械	159,554 鉄鋼業	113,268 一般機械
高知	527,343（47位）	67,056 食料品	74,838 一般機械	53,619 窯業・土石製品

製造品出荷額から見る沖縄の特性（福岡県を除く九州６県および類似県との比較，単位：百万円）
註：汎用・生産用・業務用機械をまとめて「一般機械」と表示した
出所：経済産業省「平成20年工業統計表　品目編」
出典：第19回沖縄振興審議会資料を一部修正

一方、全国的には高齢化対策が重視されていくなかで、沖縄はなお子どもの数が多いため、逆に待機児童対策などの面で大きな課題を抱えていた。

このように、沖縄振興のステージが基盤整備の時代から経済政策、社会政策の時代へと重点を移していく段階において、国家政策のコンセプトと沖縄の現状が合わないという部分がしだいに顕在化してきた。

計画実現に向けた戦略とツール

そのような状況のなかから、二〇一二年を始期とする第五次の振興計画における戦略の方向性が明らかになっていった。それは第一に、計画の目標に県民が求める「五つの将来像と四つの固有課題」を率直に位置づけることであり、第二に、そのための各種施策を実効あらしめるための予算や税制、制度などの仕組みを具体的に構築することであった。

施策展開に関しては、産業振興にかかる部分については「日本と世界の架け橋となる強くしなやかな自立型経済の構築」に、それ以外の自然・伝統・文化、医療・福祉・防災、交流、教育、離島振興などの分野については「潤いと活力をもたらす沖縄らしい優しい社会」へと、二つの戦略的基軸に集約した。

基盤整備の時代においては、公共事業等の高率補助制度や予算の一括計上制度などは、きわめて強力な政策ツールとしてその威力をいかんなく発揮してきたし、現状においても重要な制度である。だが、沖縄振興のステージが新たな段階に移行するなかで、新たな仕組みが必要とされはじめたのである。

例えば産業政策に注目すると、先述したようにものづくり国家日本の輸出製造業を中心とした国家政策は、沖縄にうまく適合しない。沖縄の産業構造はそのような政策の恩恵を受け止めることのできる姿になってはいないのである。

一方で、沖縄がリーディング産業として育成を図ろうとする観光リゾート産業や情報通信関連産業、国際貨物ハブ事業などはどうだろうか。観光庁が二〇〇八年十月にようやく発足し、予算額は六三億円からスタートした。このことに象徴されるように、沖縄経済が希望をつなぐ産業分野における国家政策は製造業に比べればその歴史も浅く、またボリュームも小さい。国家的な産業政策による支援はきわめて乏しかったのである。

また、東西約一〇〇〇キロメートル、南北約四〇〇キロメートルという広大な海域に点在する島々の移動コストや、定住環境の改善の困難さは、日本の地方財政制度や補助制度の想定を超える異質さを有している。さらには、待機児童対策、学力対策、公共交通対策、米軍基地跡地の整備などについても、旧来の予算制度や関係法体系では十分に対処できない事情を内包していた。

沖縄が自らの競争優位性に着目した「沖縄21世紀ビジョン基本計画」を掲げ、その計画のなかで、自らが帯びる根源的な諸課題を解決したいと決意したとき、沖縄振興予算の内容や金額、制度、産業政策としての特区、税制などの沖縄振興のプラットフォームの見直しがあらためて求められるに至ったのである。

一括交付金の誕生

二〇〇九年、マニフェストに一括交付金を掲げた民主党政権が登場した。沖縄振興のステージがステップアップして、新たな予算システムが求められるなかで、自由度の高い一括交付金は新たな沖縄振興の政策ツールとして期待が高まった。かつてない国との厳しい調整の末に、二〇一二年度沖縄振興予算は前年度から約六三〇億円増の二九三七億円が措置され、あわせてハード、ソフト両方の一括交付金が創設されるに至る。

このなかでソフト一括交付金（以下、一括交付金は全てソフトの意味で使用、第3節を参照）は、観光、情報、物流、農業等の産業振興、雇用、人材育成、離島振興など沖縄振興に資する幅広い事業分野に適用対象が大きく広がり、かつ、施設整備なども対象とできる融通性を持つ制度として創設された。

これにより、これまで通常の補助制度では十分な展開ができなかった、施設ものを含む産業基盤、産業施策、交通・情報システム、離島対策、人材育成、伝統・文化の振興など、沖縄の実情に即した振興施策に予算を振り向けることが可能になり、政策実行のスピード感、規模感は一気に高まった。

また、リーディング産業分野である観光、情報、国際物流、経済金融などにおける経済特区・地域制度の創設・拡充や、特定免税制度、航空機燃料税、酒税、揮発油税など税制の延長・拡充が図られた。制度面でも、地域の競争優位性を意識した、独自の産業展開を図る方向がより鮮明に示されたのである。

さらに、跡地利用推進法（沖縄県における駐留軍用地跡地の有効かつ適切な利用の推進に関する特別措置法、二〇一二年改正）においても、国の責務の明記や支障除去措置、土地の先行取得制度の創設、地権者等への給付金の支給規定など大幅な拡充が行われた。

こうして、第五次の沖縄振興体制（プラットフォーム）は、従来の振興体制を継承しつつも抜本的に拡充強化されたものになった。

自立経済構築に向けた産業振興戦略

産業振興戦略については、「沖縄21世紀ビジョン基本計画」のなかで、「地域経済が自立的に発展するためには、成長のエンジンである移出型産業が複数堅実に育ち、成長の翼である域内産業が活性化し、両者が連携・補完している強くしなやかな経済構造を創出することが重要」であり、「複数の移出型産業から獲得された外貨は域内に投下され、新たな需要を創出する購買力の原資となり、域内産業を活性化させ幅広い雇用を生み出すとともに、所得、税収の増加を通じて経済を安定的な成長軌道に乗せ、好循環をもたらす」、とする沖縄型の自立経済構築に向けた地域経済振興モデルが提起されている。

過去の四次にわたる「振興計画」と比較した場合、第五次計画の産業振興戦略の特徴は、外貨を稼ぎ出す産業分野の創出と、それと連携した形で域内産業の活性化を図る方向性をより鮮明に打ち出したことである。さらに、一括交付金や各種特区、税制などの政策ツールを作り、産業振興戦略に沿ってこれら行政資源を「選別的かつ集中的」に投下しはじめたことである。

その産業振興戦略の方向はおおむね四つに整理できる。一つは、外貨を稼ぐ移出型産業（リーディング産業）を育成することである。観光リゾート産業、情報通信関連産業、国際物流機能を活用した臨空・臨港型産業を中心に、文化、スポーツ、健康・長寿、自然環境、科学技術、亜熱帯生物資源、海洋資源などを活用した新たな分野を育成していくことを目指している。

二つ目は、域内産業の活性化である。地域の雇用の受け皿である農林水産業やものづくり産業、建設産業、商業・サービス業などに対し、輸送コストをはじめとした競争条件の不利性の解消、商品開発、国内外への販路拡大、ブランド化の推進など、中小企業者や生産者等の創意工夫による意欲的な取り組みを後押しする施策を推進することになった。その際、移出型産業との連携・融合による相乗効果が発揮できるよう、リーディング産業をはじめ産業間の連携強化による新たな価値の創造および産業高度化に資する施策を推進することとした。

三つ目は、競争力のある社会基盤の整備である。これは、これまでのダム、交通、各種生活基盤の整備とはその狙いが異なり、いわゆる産業競争力を強化する社会基盤を集中的に整備しようとするものである。これには多くのメニューが準備され、現状においては同時並行的に進められている。

例えば、国庫補助事業で行う那覇空港滑走路の増設やモノレール延伸事業、中城《なかぐすく》湾港泡《あわ》瀬《せ》地区埋め立て事業に加えて、一括交付金を活用したロジスティクスセンターやクラウドデータセンター、大規模容量海底ケーブル敷設、交通コスト低減、航空機整備工場、大規模集客施設（J2サッカー場、空手道会館、MICE施設等）などがあるが、それ以外にも市町村事業を含め、大小さまざまなものが一括交付金を活用して同時並行的に進められている。

一括交付金を獲得することができなかったならば、通常の自治体財政では、上記の各種事業の実施はほぼ不可能である。仮に八〇〇億円の一括交付金の代わりに同額以上の従来型の公共事業費が配分されたとしても、第五次の振興戦略の展開は困難である。新しい沖縄振興体制における「予算の沖縄特例」の意味は、予算額の多寡だけではないのである。

優しい社会の構築

産業振興戦略の四つ目は、優しい社会の構築である。定住環境の質の向上は、その地域に人を呼び込むための必須の条件である。安心できる医療、満足できる教育環境、清潔・安全な環境は、高度人材の確保のためだけでなく、地域振興の基本的要件である。さらに、リーディング産業を輸出製造業の分野ではなく観光リゾート産業と位置づけた場合、その産業インフラは実に多岐に及ぶはずである。

自然・伝統・文化は言うに及ばず、離島そのものが重要な観光資源であり、そこに住む人びとの生活こそが沖縄観光を支えている、という視点が重要である。年間八〇〇万人の観光客が島嶼環境を周遊する際に、必要とされるのは交通基盤や集客施設だけではない。医療や治安なども観光のインフラとなる。かくして、「優しい社会」政策の推進は産業振興のインフラに連動するのである。

沖縄振興予算における産業振興関連予算は、県分だけでも第五次計画の前年（二〇一一年度）の一二八億円から、計画開始後の二〇一二年度以降は年平均で約三倍に拡大した。また、離島振興は約七倍、子育て・福祉・医療・長寿は約八倍、文化・平和・環境は約三倍、人材育成は約二倍と、予算枠は著しく拡大した。

観光部門を例にとり、二〇一二年度の一括交付金（補助率八割）の配分を見ると、県分で約五七億円、市町村分で約一三六億円が投入されている。事業費ベースでは合計で年間約二四〇億円近くとなり、これに航空機燃料税や着陸料、航行援助施設利用料の軽減分を勘案すると、観光分野に数百億円を超える政策財源が投下されたことになる。これは、先述した観光庁発足時の予算を凌駕しているのである。

その効果を裏づけるように、観光客数や観光収入は計画開始からの四年間において、計画開始前年のそれぞれ一・四倍（観光客数）、一・六倍（観光収入）に跳ね上がった。ちなみに、情報通信関連産業の立地累積数も約一・六倍に拡大し、国際物流特区への製造業等の立地も相次いでいる。

辺境からフロントランナーへ

竹内淳彦《たけうちあつひこ》・小田宏信《おだひろのぶ》編著『日本経済地理読本・第九版』（二〇一四年）は、二〇一〇年時点において、全国四七都道府県のうち、「一人当たり県民所得が全国値の八五％に満たないのは、北海道および北東北三県、山陰二県、高知、南九州三県、長崎、沖縄の計一二道県にのぼる。視覚的にわかるように、これらの道県は、国土の周辺部に位置」すると指摘する。実は、復帰前から沖縄の類似県（鳥取、島根、高知、長崎、宮崎、鹿児島など）といわれてきた地域はほぼ全てがそこに属している。国土の周辺部あるいは縁辺部に属し産業振興に苦労している地域なのである。これを見ると、沖縄の自立経済構築の難しさは、戦後二七年間のアメリカ統治下という歴史的経緯もさることながら、実は、それ以上に、沖縄の持っている「辺境性」が阻害要因になっていたことに気が付く。したがって、沖縄振興をめぐる歴史は、「辺境」の地にある沖縄が、自らの経済自立を目指して挑戦してきたプロセスという側面を有しているのである。そして、時代環境はこの沖縄の「辺境性」をようやく変えはじめた。

直近の国の規制緩和、訪日観光政策とも相まって、観光客数をはじめ企業立地数、有効求人倍率など経済関連指数は軒並み復帰後最高水準を示し、完全失業率も大幅に改善している。小学生の学力も全国最下位から、二〇一五年には二〇位まで躍進し、離島住民の生活環境も明らかに向上しつつあり、沖縄経済・社会の底上げが進みはじめていることを感じさせる動きとなってはいる。しかしながら、これらの動向が経済・社会を新たな地平に導くうねりにつながるかどうかはまだ予断を許さない。待機児童、低賃金、ニート、非正規雇用など、課題はなお山積しているのである。そして新たな成功の陰には新たなリスクも当然潜んでいる。

だからこそ、軽々に安堵するのではなく、その動向の実態や内実を絶えず冷徹に分析し対処策を考える、いわばクールな姿勢が求められるだろう。

これまでの振興計画は、実は沖縄県にとっての「総合計画」の性格を持つものであるが、全国の各自治体で作られている総合計画とは、明確に異なる点がある。それは、振興計画には沖縄振興特別措置法や跡地利用推進法、一括計上、高率補助、一括交付金、経済特区、税制、政策金融など振興を推進するための独自の「強力なエンジン」が、政府により措置されてきたことである。

したがって、復帰後四〇余年間にわたるこれまでの沖縄振興は、県民の努力もさることながら、半世紀近くにわたって沖縄振興にかかわった多くの人びとの情熱や国の強力な支援、それを支えた国民的コンセンサスがあって初めて進めることができたことを忘れてはならない。

「沖縄21世紀ビジョン基本計画」の基本指針には、「自立・交流・貢献」というキーワードが掲げられている。「貢献」という言葉は初めて登場したキーワードであるが、「日本のフロントランナー」としての沖縄の地域特性を発揮しながら、アジアの成長を取り込み、そして、日本とアジア太平洋地域の交流と成長に貢献する地域拠点の形成を目指す、というのがその趣意である。

3　一括交付金という強力なツール

民主党政権の補助金改革と沖縄振興一括交付金

第2節で述べたように、二〇一一年に期限が切れる沖縄振興特別措置法およびそれに基づく「沖縄振興計画」（第四次計画）に続く次の計画は、沖縄県の主体性を一層尊重し、財政・税制両面にわたる支援措置を拡充する新たな理念に根ざす改正法を前提に、沖縄側が策定した「沖縄21世紀ビジョン基本計画」へと衣替えすることになった。第3節ではそのための政策ツールとして大きな意味を持った一括交付金についてあらためて述べたい。

新しい計画の策定中に政権交代を果たした民主党政権は、二〇一〇年六月に「地域主権戦略大綱」を閣議決定し、「ひも付き補助金」を廃止し、基本的に地方が自由に使える一括交付金に変えるという方針のもとに、現行の補助金や交付金等を改革することを決定した。

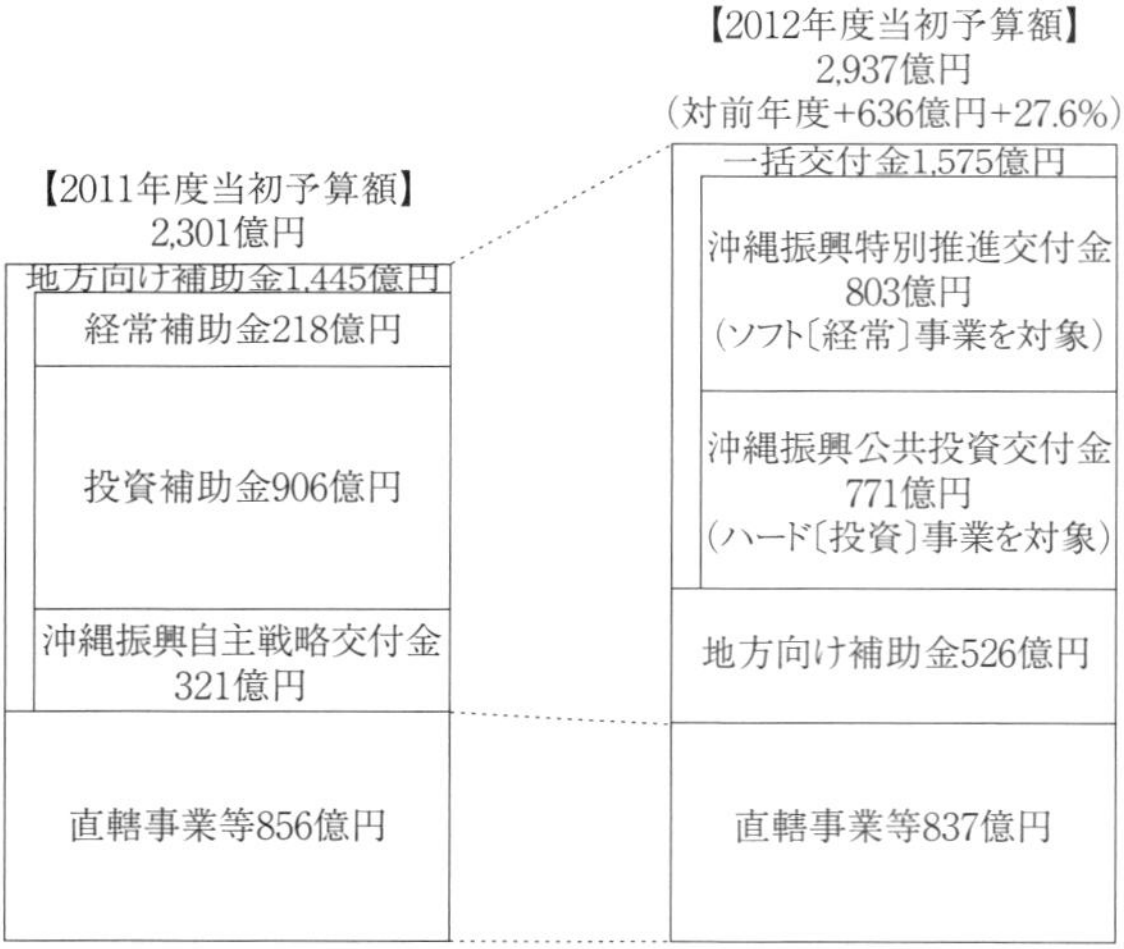

2011年度（左）と2012年度（右）の沖縄振興予算の対比

補助金についてはさまざまな問題点が指摘され、繰り返し改革が求められていた。すなわち、補助金の使途について過度の干渉があること、地域の実態や要望に適合せず無駄が発生しやすいこと、その申請などの手続きが必要以上に煩雑であり、時間や労力、経費など相当な負担がかかっていること、などの理由からである。

　そういう流れのなかで、二〇一一年度予算において、全国制度ではハード事業を対象にした「地域自主戦略交付金」が創設され、沖縄分については「沖縄振興自主戦略交付金」として三二一億円が計上され、スタートした。さらに翌年、沖縄分については改正沖縄振興特別措置法に基づき、ハード事業に加えソフト事業をも対象とした「沖縄振興一括交付金」が創設され、二〇一二年度予算で一五七五億円が措置された。特にソフト事業を対象とする交付金は、その内容において、改正法および新たな計画という新しい入れ物にふさわしい画期的な制度としてスタートすることになったのである。

投資的経費（ハード）については、二〇一一年度に全国制度と同時に創設された「沖縄振興自主戦略交付金」を拡充し、沖縄独自に市町村向けにも対象を拡大した「沖縄振興公共投資交付金」（ハード交付金）となり、これまでの高率補助（第Ⅳ章第1節で後述）が踏襲された。

経常経費（ソフト）については、沖縄県の実情に即して的確かつ効果的に施策が展開できるよう、市町村事業を含めたより自由度の高い交付金として、内閣府が自ら執行する「沖縄振興特別推進交付金」（ソフト交付金）となった。ちなみに、沖縄限定の制度としてはこれまでにない画期的な補助金であることから、一般的に「一括交付金」と呼ぶ場合は、このソフト交付金を指している場合が多い。ここでも、ソフト交付金を中心に解説しておきたい。

ソフト交付金の対象事業は沖縄振興に資するためのソフト事業であり、交付金交付要綱の「別表」においてその対象となる事業が示されている。観光の振興に資する事業や情報通信産業の振興に資する事業をはじめとして、農林水産業、雇用、人材、教育、福祉、医療、科学技術、駐留軍用地跡地、離島などの項目が続き、最後には、沖縄の地理的および自然的特

沖縄振興特別推進交付金	沖縄振興公共投資交付金
①2015年度予算額：806億円 ②対象事業：沖縄振興に資するソフト事業など ③沖縄振興特別推進交付金事業計画を作成 ④交付率：$\frac{8}{10}$ 　＊地方負担の半分に交付税措置 ⑤交付金の交付：原則内閣府から交付 ⑥事務手続きを可能な限り簡素化	①2015年度予算額：811億円 ②対象事業：公共投資に係る事業 ③沖縄振興公共投資交付金事業計画を作成 ④交付率：既存の高率補助を適用 ⑤交付金の交付：原則各省に移し替えて交付

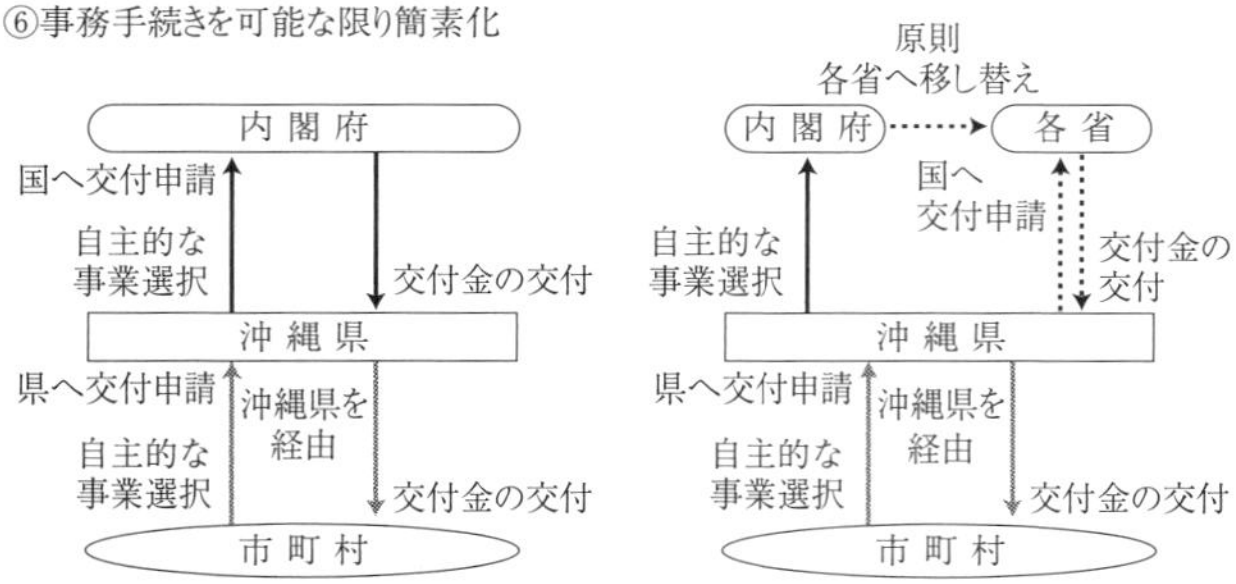

沖縄振興一括交付金の概要
出典：沖縄県ホームページ（http://www.pref.okinawa.jp/site/kikaku/chosei/kikaku/documents/okinawasinnkouikkatukoufukinn.pdf）

性その他の特殊事情に基因する事業という項目があり、実に網羅的な内容となっている。

補助率は一〇分の八で、残り一〇分の二の地方負担（県・市町村で負担すべき分）の半分は後年度において地方交付税で手当てされる仕組みになっているから、実質的には一〇分の九の補助率である。さらに、財政力の弱い県内二三の町村には、残りの地方負担一〇分の一についても国や県による補助があり、実質は一〇分の一〇の補助率となっている。

また、従来の経常補助金は予

算の編成過程においていったんは内閣府の沖縄担当部局予算に一括して計上されるものの、予算執行にあたっては関係する事業ごとに各省に移し替え、各省から交付されていた。しかし、ソフト交付金には移し替えがなく、原則として内閣府から交付されることとなり、簡素化や効率化が図られた。

類似の交付金として地域自主戦略交付金（二〇一二年度を最後に廃止）や、東日本大震災復興交付金、奄美群島振興交付金があるが、対象事業や補助率などにおいて沖縄振興一括交付金、とりわけソフト交付金は異彩を放つ存在となっている。

このように、沖縄振興一括交付金は、誤解を恐れずに言うならば、対象事業が沖縄の特殊事情に起因するものであり、沖縄振興に資するものであるならば、その全てが対象となるという画期的な制度となった。これまでの補助金では充てることのできなかった事業にも拡大され、県・市町村の行政活動のほとんどの分野において活用することができる、かつてない沖縄振興のツールとなった。

言うまでもないが、一括交付金を獲得するという沖縄側の思いは、当時の仲井眞弘多知事が東奔西走し、粘り強い交渉や説得のすえに実現したものである。この事実は銘記されるべきだと思う。

一括交付金の使途と成果

ソフト交付金の対象事業は沖縄振興に資する事業とされ、補助メニューの限定がないことから、県・市町村事業のほとんどの分野において活用されるようになった。とりわけ、これまでの沖縄振興予算では対応が難しかった子育て支援や離島における介護サービスの充実といった福祉・離島分野や、長年にわたる沖縄の懸案事項であった学力向上など教育分野にも活用されている。例えば、離島からの移動コストの低減や離島生徒のための寄宿舎の整備、待機児童の解消に向けた認可化支援、生徒の海外留学支援などである。

自由度の高い交付金であるために、その事業が効果的、効率的であったかどうかを検証し、事業の選択と集中を図る必要がある。また、必要に応じて見直しや改善を行うことで、より効果的な交付金の活用につなげる観点から事後評価を行うこととされている。例えば、以下のような手続きを行う。

まず、交付対象事業の成果目標を設定し、成果目標値に対する達成状況によって、「達成」から「未達成」までの四段階による評価を行う。さらに、事業ごとに検証シートを作成し、PDCAサイクル（計画〔plan〕→実行〔do〕→評価〔check〕→改善〔action〕）と呼ばれる方式により取り組みの見直しや改善、さらなる効率化に向けた検証を行っている。

ちなみに二〇一四年度の評価結果は、県実施分については、評価対象事業数二六七件のうち「達成・概《おおむ》ね達成」とされた事業が二〇二事業（七六パーセント）、「未達成」が三三事業（一二パーセント）となっている。市町村実施分については対象事業数一一七三事業のうち、「達成・概ね達成」が九〇六事業（七七パーセント）、未達成が九六事業（八パーセント）となっている。この事後評価については、公表するとともに、内閣総理大臣に報告することになっている。また、未達成事業とその要因についても分析をし、見直しや改善の事例を公表している。

言うまでもなく、事務事業の事後における評価は、効果的かつ効率的に事業が実施されたかどうか、交付金の所期の目的が達成されたかどうかを常に検証しつつ、必要に応じて改善・改良を行うことが大切である。

ちなみに、一括交付金が創設されて以後の県内の経済状況を見ると、完全失業率および有効求人倍率は大幅に改善されている。年間の入域観光客数も八〇〇万人に迫るなど、かつてない活況を呈している。一概に交付金のみの成果と喧伝《けんでん》するわけにはいかないが、交付金が創設されて以来、経済環境がかつてないほど好転していることは間違いない。

今後の課題と持つべき自覚

一括交付金は、国家的には、「地域主権戦略大綱」に基づき、補助金改革の一環として誕生したものである。特に沖縄分については、民主党政策集「INDEX2009」で、地域主権のパイロットケースとして沖縄をモデルとして取り組むこととされた。

その後、自民党に政権が交代しても、他の交付金が廃止されるなかで沖縄振興特別推進交付金は継続している。政府の「経済財政運営と改革の基本方針2016」(骨太方針)において、「成長するアジアの玄関口に位置付けられるなど、沖縄の優位性と潜在力を活かし、日本のフロントランナーとして経済再生の牽引《けんいん》役となるよう、引き続き、国家戦略として、沖縄振興策を総合的・積極的に推進する」とあることから、一括交付金は国家戦略の一環であり、補助金改革の対象とはしていない。

沖縄振興一括交付金の創設はまた、沖縄振興予算の質に大きな転換をもたらしたことも指摘しておかなければならない。国全体における公共事業費の見直しに伴い、公共事業費が約九割を占める沖縄振興予算もこれと軌を一にして年々縮小し、二〇一一年度にはピーク時の一九九八年度に比べると約五割の水準にまで落ち込んだ。ところが、二〇一二年度に内閣府一括計上予算の増額が図られ、同時にソフト交付金が創設されたために、沖縄振興予算における公共投資経費の比率を下げ、予算の性質を大きく変えた。二〇一一年度内閣府一括計上予算に占める公共投資の割合は八二・八パーセントであったが、翌年度には六四・三パーセント、二〇一六年度は六七・二パーセントにまで低下している。

つまり、これまでの補助金では対応が難しかった分野にも配分がなされていることがうかがえるのである。那覇空港第二滑走路建設事業や西海岸道路などの大型建設事業はあるものの、こうした分野を中心にした、なお一層の選択と集中を図ることにより、予算の弾力的な配分に努めることが必要となるだろう。

繰り返しになるが、一括交付金は、従来の社会資本整備中心の振興策から産業振興や雇用対策、離島振興、教育、医療、介護および福祉など多様化した県民ニーズに応えるために始まった。従来の画一的補助金では、沖縄固有の課題の解決には不十分であったことから、県・市町村が独自の施策を効果的に展開するためのツールとして創設された。これを活かしていくためには、沖縄の行政当局が県民ニーズや諸課題を的確に読み取り、効果的な施策につなげる企画力と実行力が不可欠となる。

一括交付金は沖縄だけを対象とする制度であり、全国の注目を集める制度でもある。まさに、パイロットケースとしての沖縄の力量が問われているとともに、フロントランナーを標榜《ひょうぼう》する沖縄の覚悟と実行力が試されている。筆者はかつて県行政に携わった者の一人として、そのことを特に強調しておきたい。なぜなら、沖縄にとって有用性の高い一括交付金の財源は、わが国の国民や法人が負担する税金なのであり、その自覚なしにこれを活用することはできないからだ。

第Ⅳ章　沖縄県財政と米軍基地の跡地利用

1　「沖縄は、基地や補助金で食っている？」

沖縄県財政の状況

沖縄の基地問題に関して囁《ささや》かれる話題に、「基地あるがゆえに予算面で国から「厚遇」を受けている」、あるいは、「政府からの補助金が他県に比べて過度に大きいのではないか」、というものがある。また、沖縄側は、国の予算編成に際して、「財政移転は決して突出していない」「一位になったことはない」と反論することがある。

では、沖縄に入ってくる国庫支出金・地方交付税などの総額や県民一人当たりの額が、全国あるいは類似県などに比べてどうなっているのか、もっぱら政府支出や基地関連収入に依存して暮らしが成り立っているのか。ここではその当否を検討してみたい。具体的な数字を示して、真相を明らかにしたい。

【歳出】　性質別構成比の全国平均および九州平均との比較(2014年度)

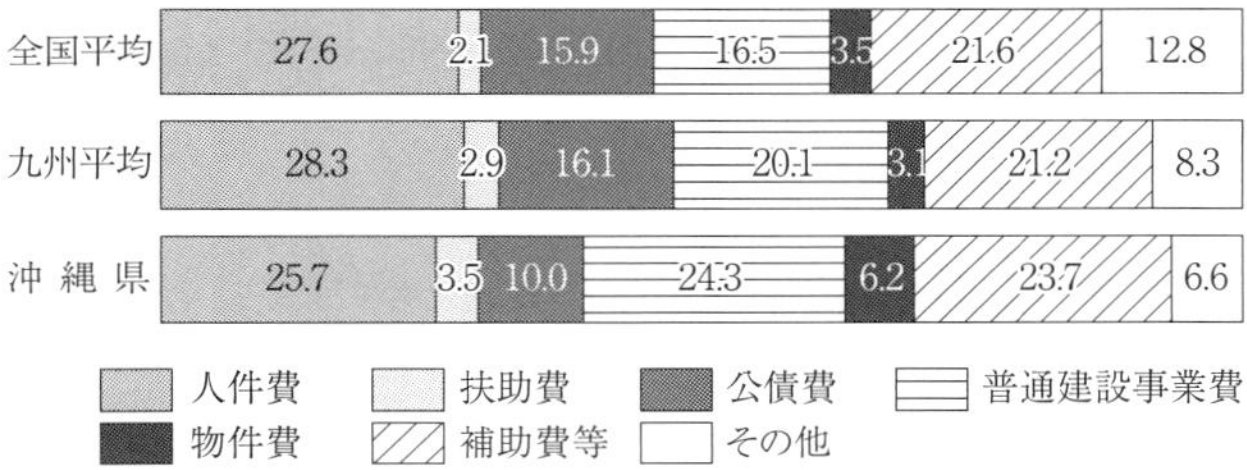

【歳入】　財源別構成比の全国平均および九州平均との比較(2014年度)

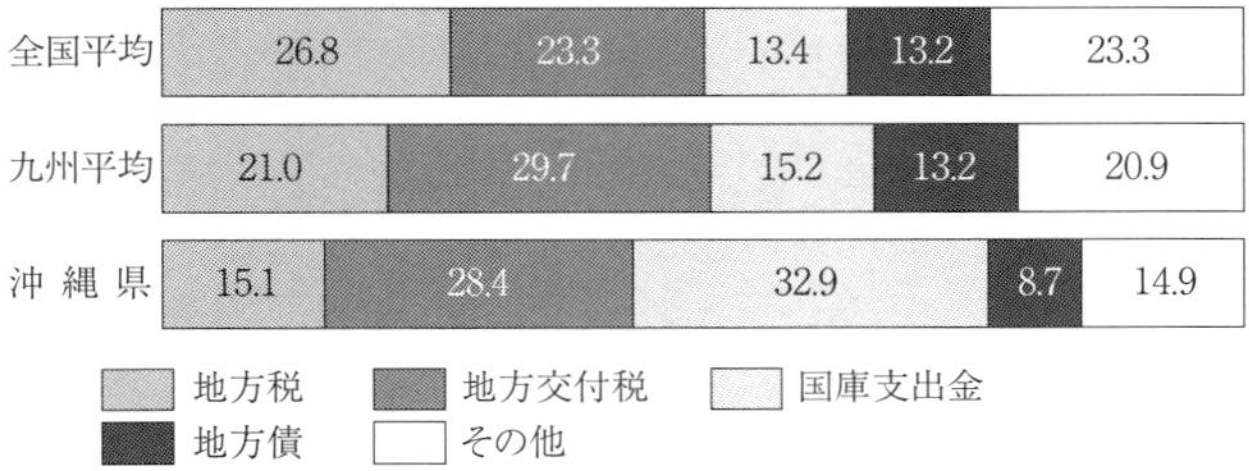

沖縄県財政の現状
註：全国平均は沖縄県を含み，九州平均は沖縄県を除く
出典：沖縄県総務部財政課「沖縄県財政のあらまし」2015年12月

そのためには三つの切り口が必要である。一つは、いわゆる国からの財政移転の問題で、沖縄県および県内市町村の普通会計決算に占める国庫支出金と地方交付税の割合が果たして本土各県に比べて過度に高いかどうか、という論点である。総額や県民一人当たりの額において、沖縄はどの位置にあるのか、また類似県と比較するとどうなっているか、という問題である。二つ目は、沖縄県のみが公的支出に依存しているのか、

基地のない都道府県より突出して高い割合を占めているのか、という「公的依存度」の問題である。三つ目は、「基地関係収入」が沖縄県経済に占める割合はどうなっているか、という問題である。これらの論点を検討すれば、「沖縄はもらいすぎ」であるのか否かが明らかになるはずである。

まず、沖縄県財政の特徴を全国および九州各県と比較してみよう。

沖縄県の二〇一四年度の普通会計（一般会計と特別会計のうち病院事業などの企業会計を除いた合計額。各地方公共団体間の比較などを可能とするため全国共通のルールに基づき区分した統計上の会計区分）歳出決算額は七二二一億円であり、その主な内訳は、職員などの給与費等の人件費が二五・七パーセント（一八五三億円）、道路や港湾、学校などの公共施設の建設などに充てられる普通建設事業費が全体の二四・三パーセント（一七五七億円）、医療費への助成金や福祉施設・私立学校などに交付される補助金などからなる補助費等が約二三・七パーセント（一七一一億円）、過去に借り入れた地方債の元利償還費である公債費が一〇・〇パーセント（七二一億円）となっている。この図を見ると、全国平均および九州平均と比べて、普通建設事業費の割合の高さと公債費の割合の低さがとりわけ目を引くと思う。

普通建設事業費の割合が全国平均に比べて高いのは、沖縄戦で多くの社会インフラが破壊され、また、二七年間に及ぶアメリカ統治下にあったために十分な投資が行われてこなかったという事情からきている。言い換えると、そのギャップを埋めるために、一九七二年の日本復帰以降、「沖縄振興（開発）計画」に基づき産業基盤や生活基盤の整備のために集中的な投資が行われてきたことによるものである。また近年においては、「沖縄21世紀ビジョン基本計画」に基づき、さまざまな産業インフラのための投資が行われていることも大きく影響しており、沖縄固有の特殊事情に起因するものである（公債費については後述する）。

国からの財政移転の実情

歳出をまかなうための歳入は、国庫支出金が三二・九パーセント（二四三二億円）と最も大きく、続いて地方交付税が二八・四パーセント（二〇九五億円）、地方税（県税）が一五・一パーセント（一一一九億円）、地方債（県債）が八・七パーセント（六四六億円）となっている。全国平均および九州平均と比べると、国庫支出金が約二〇ポイントおよび約一八ポイントそれぞれ高くなっており、地方税（県税）は約一二ポイントおよび約六ポイント低くなっていることがわかる。

つまり、自主財源である県税の割合が低く、外部資金である国庫支出金や地方交付税に大きく依存していることが判明する。

戦後の特異な歴史を持つ沖縄県では、産業経済構造が未発達のため地方税（県税）などの自主財源が乏しいままに推移してきた。依然として不足する社会資本の整備や、社会的・自然的特殊事情に基づく固有の課題の解決のために、あるいはまた沖縄振興計画を推進するために、国庫支出金などの外部資金が大きな部分を占める財政構造にならざるをえなかった。

次に、外部資金の大きな部分を占める地方交付税と国庫支出金の総額と、人口一人当たりの額を全国平均および類似県（秋田、和歌山、鳥取、島根、徳島、高知、長崎、宮崎、鹿児島）と比較してみたい。なお、東日本大震災の被災県である東北三県（岩手、宮城、福島）も参考までに比較の対象としている。

沖縄県の二〇一三年度決算における地方交付税と国庫支出金の合計額は七三三〇億円で、全国一七位、類似県のなかでは鹿児島県に次いで二位である。人口一人当たりの額は、全国平均の約二倍で九位である。ちなみに全国平均を上回っている県が三一あり、沖縄県の順位は東日本大震災の被災県である東北三県を除いた場合でも六位（上位五位までは島根、高知、鳥取、秋田、青森）の位置にある。しかも、六県中最も多い県に比べると、沖縄県の額はその七五パーセント程度に止まっている。このことは、沖縄県が高率補助制度により補助金のかさ上げがあることを踏まえたとしても、突出して額が大きいというわけではないことを教えている。

また、六県中、沖縄県以外で基地があるのは一県（青森県）のみであり、基地は所在していないものの沖縄県より上位に位置している県のあることがわかる。

沖縄県を除く上位五県に共通するのは、人口減少による過疎化に悩む地域を多く抱えていること、県土面積が比較的大きく、かつ急峻《きゅうしゅん》な山間部が多いことなどであろう。このことは道路などのインフラはもとより、治山・治水事業などに比較的多額の公共事業費が必要になること、あるいは人口密度が低いがゆえに行政サービスがコスト高になることを示唆している。つまり、県民一人当たりの額が多くなるのは、過疎辺地地域を多く抱える県において普通に見られる現象であると言えよう。

高率補助制度の内容とその効果

地方交付税は、地方団体間の財源の不均衡を調整し、全ての地方団体が一定の行政サービスの水準を維持できる財源を保障する見地から、国税の一定割合を国が合理的な基準に基づき再配分する交付金である。政省令に基づく客観的な指標をもとに算定・交付されるものであり、また地方団体共有の財源でもあることから、その配分に政治的もしくは政策的な意図を反映させる余地はないはずである。

また、国庫補助金は、反対給付のない国からの支出金であり、事務事業の奨励のためや、国と地方の役割分担に応じて決まる性格のものである。その時々の政治的環境に影響を受けることは想定されるものの、むしろ財政力の弱い地方部の団体の個別財政需要に応じた財政調整機能という性格を持つものである。

国庫補助金の額の多寡は、それぞれの県土構造、すなわち自然的、社会的、地理的などの個別団体の事情や、国の政策的意図（沖縄県の場合はアジアのフロントランナーとしての役割など）といったさまざまな事情が反映された結果と見るべきであろう。したがって、沖縄にとっての国庫支出金とは、沖縄の振興に必要な額と、沖縄の財政上の都合から必要な額が、沖縄の要望に基づき措置されている、と理解すべきである。

ただし、ここで事実として指摘しておかなければならない点は、沖縄県に対し日本復帰に際しての特例措置として補助率のかさ上げがなされており、多くの公共事業関係費などにおいて本土よりは高い補助率が適用されていることである（北海道や奄美、離島などに対する高率補助もあるが、率や対象等において沖縄の比ではない）。一九七二年の日本復帰当時において、「沖縄振興開発計画」に基づき多くの社会資本を集中的に整備する必要があり、県の脆弱《ぜいじゃく》な財政力ではその対応に困難を極めたことから、財政の負担を軽減する措置として講じられた、という歴史的な事情が横たわっている。

例えば、河川改修の補助率を例にとると、本土が二分の一に対して沖縄は一〇分の九となっている。事業費一〇億円の事業を実施するとした場合、本土各県の補助率二分の一での実施には、国庫補助金が五億円、残りの五億円は自前で負担しなければならない。沖縄県の場合は一億円の自己負担（「裏負担」と呼ばれる）で実施することができる仕組みになっているのである。ちなみに、沖縄県の二〇〇八年度当初予算額における国庫支出金一六七七億円のうちの五七〇億円（約三四パーセント）はかさ上げ相当額である。

公共事業費の場合、通常は裏負担の財源として地方債（県債）の発行（借金）によっているから、裏負担の多寡は県債残高の多寡に結びつくことになる。

総務省の「平成二十六年度都道府県決算状況調《しらべ》」によると、同年度末の沖縄県の県債残高は六七一八億円であり、全国平均一兆九〇六八億円の約三五パーセント、九州平均一兆四〇一八億円の約四八パーセントである。沖縄県の実質公債費比率（地方自治体の収入に対する実質的な借金の比率。一八パーセント以上の団体は地方債の発行に国の許可が必要とされ、二五パーセント以上になると財政健全化の取り組みが義務づけられる）は約一二パーセント、全国平均および九州平均は約一四パーセントだから、沖縄県の場合は低く抑えられているといえる。

このような高率補助制度が、日本復帰以降の集中的なインフラ投資への財政的な対応を可能とし、また、高率補助の効果として県債の発行が少なくてすむという好条件をもたらした。後年度における借金の返済額が少なくてすむために、政策的な経費に財源を振り向けることができるなど、この制度は県・市町村の財政や県民の利益に大きく寄与してきた点は特筆されなければならない。

基地関係収入

次に、地域経済が公的部門にどの程度依存しているかを示す公的依存度について見てみたい。政府最終消費支出（国や地方公共団体による公共サービスの提供に要した費用のこと。医療保険や介護保険給付の政府負担分や備品購入費、公務員の人件費などが含まれる）と公的固定資本形成（国・地方公共団体などが作る道路、ダムなどの社会資本整備費や公団等の住宅投資などを指し、一般的には公共投資と呼ばれる）の県民総所得に対する割合（公的依存度）を見たうえで、類似県との比較および米軍専用施設の所在との相関を考える。

二〇一三年度の公的依存度は、沖縄県が約三七パーセントで全国五位、一人当たり支出額は一〇八万二〇〇〇円で全国一九位である。また、類似県の状況を見ると、先に触れた国からの財政移転とほぼ同様の傾向を示している。つまり、経済力の弱い自治体に共通する現象であり、沖縄が決して抜きんでているわけではないことがわかる。しかも、基地との関連で見ると、公的依存度および一人当たり支出額ともに基地のない県のほうが沖縄県よりも上位にあるのである。

また、米軍専用施設のある都道府県の場合を見ると、青森県の米軍専用施設の割合は沖縄県の約一〇分の一程度であるにもかかわらず、公的依存度のほうは沖縄県に次いで六位である。また、一人当たり支出額が沖縄県より上位に位置する県が四都道県（東京、青森、北海道、長崎）もある。このことからも、基地面積の割合と公的依存度および一人当たり支出額の順位に相関関係があるとは言えないことがわかる。その県にどの程度の米軍基地があるかどうかという問題と、公的依存度・一人当たり支出額は連動しない、と結論づけることができる。

基地関係収入についても確認しておきたい。

「沖縄の米軍及び自衛隊基地（統計資料集）」（沖縄県知事公室基地対策課、二〇一六年三月。沖縄県ホームページ掲載）によれば、県民総所得に占める基地関係収入の割合は県経済の拡大に伴い確実に減少している。一九七二年の日本復帰の時点では約一六パーセントだったが、それから四〇年余を経た二〇一三年には約五パーセントにまで低下している。二〇一三年度の軍用地料などのいわゆる軍関係受け取り額は二〇八八億円であり、県経済のリーディング産業である観光収入四四七九億円の半分以下なのである。しかも、その割合は年々低下の一途をたどっている。かつて沖縄経済は、基地がなければ成り立たないなどと言われた時代もあったが、そのような時代はすでに昔の話なのである。

だが、経済活動としての軍関係受け取りのほかに、地方自治体の財政に投下される基地関係の収入があることも指摘しておかなければならない。沖縄県内市町村の二〇一四年度にお

ける基地関係収入は二七七億円であり、歳入決算額の約四パーセントを占めている。その主なものは、

①市町村有地に対する軍用地料である財産運用収入が約一〇八億円。

②「防衛施設周辺の生活環境の整備等に関する法律」に基づく補助金・交付金（基地周辺の生活環境の整備や民生安定のために交付されるもので、航空機騒音など基地により周辺地域が被る障害を防止・軽減するための防音工事などに対する助成がその代表例）が約七八億円。

であり、そのほかに税財政上の影響を考慮して交付される調整交付金などがある。これらの基地関係収入は不動産の賃借料や、基地あるがゆえに被る障害や被害の防止・軽減、あるいは経済的・財政的損失の補塡、といった基地所在自治体を対象とした補助・交付金である。したがって、沖縄県のみを対象とするものではなく、日本本土の基地所在自治体と同様の仕組みに基づくものであって、恩恵的なものなのではない（前掲「沖縄の米軍及び自衛隊基地（統計資料集）」による）。

根拠なき誤解という不毛

国庫補助金について言えば、沖縄振興予算の計上方法によると思われる誤解もある。例えば、毎年恒例の沖縄振興予算が決定される時期になると、沖縄県は通常の国庫支出金のほかに三〇〇〇億円も上乗せされているのではないか、との憶測が囁かれたりする。

他の都道府県の場合は国に国庫支出金を要求するとき、各自治体が省庁ごとに要求を行い、事務的に、場合によっては政治的な折衝等を経て所要額を確保し、その後に各省庁から交付が行われる。沖縄県の場合は、内閣府が予算の調整・確保に当たり、沖縄振興予算として内閣府予算に一括して計上する仕組みなのである。沖縄振興計画に記載された事業は多岐にわたるために、その実施にあたってはさまざまな省庁がかかわることになる。沖縄県の社会資本整備が立ち遅れていたために、集中的な事業展開を行う必要があったことから、所要額の確保および事業管理の観点から採用された方式だった。

したがって、他県と同様の国庫支出金が、沖縄振興予算として一括して計上されているにすぎないものであり、通常の国庫支出金に上乗せされているというのは全くの誤解である。

以上に見てきたように、国からの財政移転や公的依存度、基地経済への依存度の観点から言えば、沖縄県に地方交付税や国庫補助金が過度に交付されているのではないか、沖縄のみがもっぱら公的支出に依存しているのではないか、沖縄は基地経済に依存しているのではないか、といった認識は根拠のない妄言《もうげん》だと言える。したがって、「沖縄は基地や補助金で食っている」などという言い方は、沖縄の現実から乖離《かいり》した無責任な言説だと言わざるをえないのである。

あらためて確認すると、戦後の沖縄は日本本土とは異なる体制下にあった。社会インフラの整備のための十分な投資が行われたこともなく、内発的な産業が育たなかったこともあり、経済的な基盤は脆弱であった。その結果として、県民所得は低く、地方税（県税）収入も少額であった。沖縄振興開発計画に基づく格差是正を図るための社会資本整備事業は、その財源を外部に求めざるをえなかった。

ここで取り上げた問題の要点は、資料に基づく客観的な事実認識を形成することの大事さであり、問題の背後に横たわる歴史的な経緯をしっかり理解することとの大事さである。沖縄県の行政実務を経験した者としてあえて言うならば、根拠のない誤解が取り沙汰《ざた》されることは不毛だと思う。実務を担う者たちは、与えられた所与の枠組みを尊重したうえで、県民のための利益を追求することがその責務である。

沖縄県は、「基地」や「補助金」という札束で左右されるような存在ではない。

2　基地の返還と跡地利用

「沖縄21世紀ビジョン」が指摘する米軍基地

あらためて事実を確認するならば、沖縄県には実に多くの米軍基地が存在する。在日米軍の陸軍、海軍、空軍そして海兵隊の四軍が全て沖縄に基地を有しており、その面積は約二万三〇〇〇ヘクタール、県土面積の一〇パーセント以上に達している。そのなかで最も広大な基地を有しているのが海兵隊であり、在沖米軍基地の約七五パーセントを占めている。米軍基地は計画的な都市形成や交通体系の整備、産業用地の確保などを図るうえで明らかに大きな制約となっている。

また、沖縄周辺の海と空についても、米軍の訓練等のために制限水域と制限空域が設定されており、民間船舶や航空機の航行が制約され、社会経済活動に大きな影響を及ぼしている。

沖縄県の長期構想である「沖縄21世紀ビジョン」は、次のように述べている。「克服すべき課題の一つとして、広大な米軍基地の存在がある。基地の存在は、沖縄振興を進める上で大きな障害となっており、基地から派生する軍人・軍属による事件・事故をはじめ、日常的な航空機騒音等は県民生活に大きな被害を与えている」、と。また、「沖縄の基地問題は、我が国の安全保障や外交にかかわる全国的な問題であり、半世紀を優に越え、今なお著しい不均衡状況にある。国においては、沖縄の過重な基地負担をなくすための不断の取り組みが必要である」。

基地問題をわが国の安全保障や外交問題と捉えつつも、全国に比べて過重な基地負担がある状況は、国の責任において解決すべきだとのスタンスである。また、将来のあり方としては、「基地のない平和で豊かな沖縄をあるべき県土の姿としながら、引き続き基地の整理・縮小を進める」としており、理想像として基地のない沖縄を目指しつつも、米軍基地の全面撤去を主張するのではなく、整理・縮小という現実的な対応をとるべきだとしている。

「沖縄21世紀ビジョン」が指摘する以下の点にも着目したい。基地の整理・縮小に関する重要な側面として、「今後、生ずる大規模な基地返還跡地は、沖縄の新たな発展のための貴重な空間であり、中南部都市圏の都市構造の歪みを是正し、県土構造の再編にもつながる大きなインパクトを持っている」、と。つまり、基地返還後の跡地利用を、沖縄の振興発展につなげることが肝要だと強調しているのである。

とりわけ、沖縄本島の中南部都市圏に存在する米軍基地は、そのロケーションからして土地の開発ポテンシャルが高く、都市的利用に適したものといえる。他の都道府県とは異なり、都市地域に広大な未開発地が存在することは、今後の沖縄の振興発展の「種地《たねち》」であり、大きな可能性を秘めているのである。

これらのことを踏まえ、歴代の首相や外相、防衛相、沖縄県知事は、沖縄における米軍基地の整理縮小が、基地負担の軽減だけでなく、沖縄のさらなる発展につながることを目指して、基地返還の努力を重ねてきた。しかしながら、日本本土における米軍基地の整理・縮小に比べるならば、残念ながら大きく進んでいるとは言えない。

返還合意の経過

一九七二年五月十五日、沖縄は日本への祖国復帰を果たした。これに先立ち、本土における米軍基地については、一九六八年十二月に開催された日米安全保障協議委員会（ＳＣＣ）において、いわゆる「関東計画」（関東地域における米軍基地を横田基地に統合する計画）に基づいて移設と返還が進められ、現在ではそのほとんどが完了している（『沖縄の米軍基地』二〇一三年）。

日本復帰後も沖縄になお広大な米軍基地が残ることについて、当時の総理秘書官として核抜き本土並み返還などに尽力した楠田實《くすだみのる》氏は次のように述べている。「沖縄県民は特殊な環境の下で、日本人としての魂を守り続けた。今でも在日米軍基地の七〇％は沖縄にある。復帰後、日本政府も巨額の公共投資をして、街並みも、以前とは比較にならないほど近代化した。米軍の駐留による経済的メリットも無視はできない。しかし、それとても沖縄県民の魂の飢餓を満たすものではない」（楠田實「春秋――沖縄の未来を描け」『時事解説』一九九五年十一月十四日）、と。

復帰後の沖縄においては一九七三年から七六年にかけて、SCCでの合意などを受けてのべ六三事案の返還が了承されている。返還条件別に見ると、移設条件なしの返還合意施設が二四事案、移設条件付き施設が二九事案、引き続き検討される施設が一〇事案となっている。

また、一九九〇年に二三事案の返還が確認されているほか、九五年にはSCCの下に「沖縄における施設及び区域に関する特別行動委員会（SACO）」が設置され、翌年にSACO最終報告という形で、普天間飛行場の全面返還を含む一一施設の返還が合意されるとともに、県道一〇四号線越え実弾砲撃演習の本土移転や、航空機騒音の軽減措置などが合意された。そのなかには今なお懸案となっているヘリパッドの移設という条件付きの、北部訓練場の一部返還（約四〇〇〇ヘクタール）なども含まれていた。

さらに、二〇〇六年五月にはSCCにおいて、「再編実施のための日米のロードマップ」が合意された。このなかで、普天間飛行場や那覇港湾施設の全面返還が再度合意されたほか、牧港《まきみなと》補給地区の全面返還やキャンプ瑞慶覧《ずけらん》の一部返還など、いわゆる嘉手納飛行場より南の返還が決まるとともに、約八〇〇〇人の第三海兵機動展開部隊の要員とその家族、九〇〇〇人のグアム移転が決定された。同時にまた、普天間飛行場の代替施設として、名護市辺野古崎とこれに隣接する大浦《おおうら》湾を埋め立て、V字型滑走路二本を整備することとした。これらの返還・移転計画は「全体的なパッケージ」であるとされたために、辺野古崎の埋め立てが進まない状況下ではほかの基地返還も進まない、と解釈された。

二〇一二年四月のSCC共同発表では、在沖海兵隊のグアム移転および嘉手納飛行場より南の基地の返還を、普天間飛行場代替施設の進展から切り離すことが決定し、「全体的なパッケージ」から外れることになった。さらにまた、二〇一三年四月には、「再編実施のための日米のロードマップ」を包含する形で、新たな基地返還合意をも盛り込んだうえで、「沖縄における在日米軍施設・区域に関する統合計画」（以下、「統合計画」）が発表されたのである。

基地の返還・移設の困難さ

日本復帰後、二〇一五年までに返還された沖縄の米軍基地面積は、追加で米軍基地として提供された面積等を差し引くと、実質減少面積は約五七〇〇ヘクタールとなり、全体の米軍基地面積の約二〇パーセントに相当する。復帰後において数々の返還合意がなされてきたにもかかわらず、現実には二割程度の返還しか実現していないのである。

返還が遅々として進まない理由にはさまざまな事情があるが、最も大きな要因は、移設条件とそれをめぐる政治的な状況の変化だと考える。具体的な事例を紹介してみたい。

一九七四年一月に移設条件付きで全面返還が合意された那覇港湾施設（以下、「那覇軍港」）。約五六ヘクタール）は、SACO最終報告のなかで浦添埠頭《うらそえふとう》地区への移設が決まり、その事業を推進するために国や県、市などを構成メンバーとする協議会が設置された。その後、浦添市沖に約四九ヘクタールの埋め立てを行い、そこに代替施設を整備することが決定し、環境影響評価（環境アセスメント）のための調査に着手するところまではきた。ここに至るまでに四〇年余の歳月を費やした。環境調査に着手できたとしても、環境影響評価に三〜四年、埋め立て工事に一〇年ほどかかるとすれば、返還が実現するまでには半世紀を超えてしまうことになる。

米軍基地の返還や移設の問題は、関係する自治体の首長の政治姿勢に大きく左右される。

移設先や移設条件をめぐって、保守勢力と革新勢力のあいだでは考え方や手法が異なるために、県知事や那覇市長、浦添市長などが代わるたびごとにその政治スタンスに翻弄された。進んだかと思えば、また後戻りし、結果として返還の長期化を招いている。

もう一つの事例も紹介しておきたい。一九七四年に返還が合意された那覇サービス・センター（通称シーメンズクラブ、約〇・五ヘクタール）の例である。最終的には一九九五年に返還され、その跡地に県立武道館のアリーナ棟が整備されている。

シーメンズクラブは、主に「那覇軍港」に寄港するチャーター船の船員たちの福利厚生施設として利用されていたものである。沖縄県は、一九九二年の復帰二〇周年記念事業の一つとしてシーメンズクラブの早期返還の実現を目指し、その跡地に県立武道館の建設を計画した。だが、シーメンズクラブも「那覇軍港」と同様に、移設条件付きの返還合意がなされていて、移設先を確保する必要があった。当時の大田県政は、シーメンズクラブを「屈辱的な施設」だとして、移設条件を認めなかった。また、国においても移設条件を満たしていない現状では、早期返還の要請書すら受理してもらえない状況であった。

政治的なスタンスで左右される基地返還

当時、県立武道館建設期成会の会長を務めていた大里喜誠《おおさときせい》氏は、山中貞則《やまなかさだのり》衆議院議員と懇意にしている武道関係者を介して、山中議員への直訴を県に働きかけた。県教育庁側がさっそく山中議員に要請したところ、復帰二〇周年記念事業への協力を約束し、防衛庁長官への橋渡しをしてくれた。そして防衛庁長官に説明と要請を行った結果、状況は一変した。すかさず当時の那覇防衛施設局と移設条件や移設スケジュールを話し合う機会が得られたほか、防衛庁からの補助金についても協力する旨の意向が伝えられた。

移設場所を見つけるのに多くの時間は要しなかった。シーメンズクラブは「那覇軍港」の付属施設であることから、その周辺に配置するのが妥当である。また、民有地に移設することは米軍基地の機能強化につながる印象を与えるため、県民感情からしても理解が得られないと考えられた。したがって、既存の「那覇軍港」内に同規模で移設する案が浮上した。

しかし、当時の県政は移設条件そのものの受け入れを拒否していたために、移設は難航し、このままでは復帰二〇周年記念事業が頓挫するのではないかと危惧《きぐ》された。当時の県政の両副知事と教育長、および建設省から出向していた技監が協力し、知事を説得することになった。説得の材料は、復帰記念事業を頓挫させてはならないこと、シーメンズクラブの移設先である「那覇軍港」も移設条件付きの返還合意施設であり、いずれはシーメンズクラブともども返還されること、基地の整理縮小になること、移設するシーメンズクラブは面積も同規模の暫定施設であり、仮設の鉄骨プレハブのようなものであること（米軍は Semi Permanent

と呼んでいた）、などであった。知事は直接的な賛意を示さなかったが、事実上黙認したものとして、シーメンズクラブの移設・返還と跡地利用が可能となったのであった。

シーメンズクラブのような小規模の米軍施設でさえ、その返還を実現するためには実に多くの人びとの努力と多大な時間を要した。米軍基地が政治マターであるがゆえの紆余曲折《うよきょくせつ》であったといえよう。

一九九六年のSACO最終報告によって、普天間飛行場の移設条件付き全面返還が日米両政府によって合意され、返還までの期間は五年から七年とされた。二〇〇五年になると、キャンプ・シュワブの海岸線の区域とこれに隣接する大浦湾の水域を結ぶL字型の場所に、普天間飛行場の代替施設を設置することが日米で合意された。さらに翌二〇〇六年になると、SCCにおいて、日米が二〇〇七年三月までに作成する「統合のための詳細な計画」において全面返還を検討するほか、V字型の二本の滑走路を設置するという修正が加えられた。

二〇一三年三月には、これらの合意に基づき、辺野古崎の公有水面埋立承認申請書が県に提出され、同年四月には、「沖縄における在日米軍施設・区域に関する統合計画」が公表された。米空軍嘉手納飛行場より南の基地を統合し、二〇二二年度またはその後に返還する、という計画である。

そして、周知のように、二〇一三年十二月、当時の仲井眞弘多知事は沖縄防衛局の埋め立て申請を承認した。埋立工事は始まったが、その後二〇一四年十一月に現職の仲井眞知事を破って当選した翁長雄志《おながたけし》知事は二〇一五年にその承認を取り消した。工事は中断し、承認およびその取り消しの適法性が裁判で争われる事態となった。

このように、米軍基地の返還をめぐる問題は、首相や沖縄県知事、県内市町村長が代わるたびに微妙に、または大きく変化してきた。そのために、返還の目処《めど》が立たない状況が生まれ、長期化するという構造になっている。

問題は基地の返還に止まらない。実際に返還が実現しても、その跡地をどのように利用・活用すべきかという、新たな課題が浮上するのである。その課題について、具体的な事例を挙げながら説明しておきたい。

「軍転特措法」の制定

一九七二年に沖縄が日本に復帰した時点においては、米軍基地の返還に伴う跡地利用に関する法制度はなかった。そのため、復帰の前年に全面返還された本部《もとぶ》町の上本部《かみ》飛行場（約二五四ヘクタール）については、返還時には地籍境界も未画定であったほか、旧飛行場施設の一部も残っており、跡地利用も決まっていなかった（「跡地カルテ」二〇一六年）。その後、返還跡地の一部に、海上自衛隊がP3C哨戒《しょうかい》機用の基地を建設する計画を発表し、用地取得は行ったものの、地元の反対運動などにより、二〇〇八年に建設計画は中止となった。

その跡地の一部には北部振興事業などによる農業用施設が建設され、アセロラの栽培などが行われているが、大部分の土地は未利用となっている。米軍飛行場として利用されていた当時の滑走路等のコンクリートやアスファルトがまだ残っており、原状回復さえなされていない状況である。

この例に象徴されるように、せっかく返還が実現していながらも当時は跡地利用に関する法制度が未整備のため、利活用が進まない状況だったのである。一九七四年の返還合意以降に大規模な返還が予定されていながら、法制度の整備がなされていなかったことは、行政と政治の怠慢《たいまん》といっても過言ではない。

県においては、こうした状況を抜本的に解決するため、一九七八年に軍転特措法県案要綱を作成し、国会議員をはじめ国の関係省庁に対して立法措置を要請した。その後、三度にわたって国会に法案が提出されたが、いずれも廃案となった。一九九四年に四度目の法案が国会に提出された。村山富市《むらやまとみいち》首相時代の自社さ政権下において、議員立法という形で翌年六月に軍転特措法は施行された。県案を作成して一七年が経過していた。法律の正式名称は、「沖縄県における駐留軍用地の返還に伴う特別措置に関する法律」である。

なお、字面《じづら》からするとその法律の略称は「返還特措法」となるため、防衛庁（現・防衛省）や外務省などの関係者は返還特措法と称していた。しかし、県は長年にわたりこの法律の制定を強く働きかけてきたこともあり、あくまでも「軍転特措法」と略称すべきだとこだわった。

返還跡地をめぐる法制度の改善

軍転特措法においては、まず沖縄県の特殊事情に鑑み、返還に伴う特別措置を講じることが目的であると規定された。国や県、市町村は、この法律の目的を達成するために協力しなければならないものとされ、それぞれの役割が規定された。国においては、返還前にその見通しを通知し、返還実施計画を定め、原状回復措置を行い、返還から三年間は給付金を支給することなども規定された。県や市町村は総合整備計画を定めることになっているが、その法律のほとんどは国に対しての義務を定めるものであった。待望の軍転特措法の成立によって、基地の跡地利用は飛躍的に進むのではないかと期待された。だが、実態はそう簡単ではなかった。

軍転特措法の適用第一号は、一九九五年十一月に返還された恩納《おんな》通信所（約六三ヘクタール）である。同年十二月から建物の解体作業などが行われたが、汚水処理槽内からPCB（ポリ塩化ビフェニル）等の有害物質が検出されたため、撤去が完了したのは九七年十一月であった。その当時、ＰＣＢは沖縄県内で処理できなかったために、現地にドラム缶約七〇〇本に収めて保管し、九八年になって航空自衛隊恩納分屯基地に移設された（前掲「跡地カルテ」）。その時点ではさまざまな跡地利用案が出されていたものの、跡地利用計画は策定されなかった。その後は「亜熱帯計測技術センター」や「ふれあい体験学習センター」などのピンポイント的開発が行われるのみで、全体の跡地利用計画は不透明な状況のまま推移した。近年、跡地開発計画の基本合意書が締結され、全体的な利用が動きはじめている。

ところで、当初の軍転特措法では、返還実施計画に定める事項として、①返還に係る区域、②返還の予定時期、③その他政令で定める事項が規定されていた。しかし、政令で定める事項は有害物質や不発弾、廃棄物などについて明確に特定しておらず、返還前後の環境調査も曖昧《あいまい》であった。

三年間の給付金は返還前の軍用地料に代わるものである。返還後三年が経過した時点で、土地の使用収益ができる状態になっていれば特段の問題は生じない。しかし、恩納通信所は、返還後にＰＣＢが発見され、その処理や原状回復に手間取ったのである。また、土地区画整理事業などによる整備が必要になった場合は、その土地の使用収益開始の前に給付期間が終了してしまうことになり、土地所有者にとって不都合な状態が生じた。

このような事態を解決するために、県や沖縄県軍用地転用促進・基地問題協議会（軍転協）が国に対して改善を要請した結果、一九九九年に「普天間飛行場の移設に係る政府方針」とともに、「駐留軍用地跡地利用の促進および円滑化等に関する方針」が閣議決定された。具体的には、二〇〇二年の施行令改正によって、土地に定着する物件の概要や駐留軍の行為に起因する土壌の特定有害物質、ダイオキシンなどによる汚染の状況、不発弾や廃棄物の有無などの調査が盛り込まれ、一定の前進が見られたのである。

また、同年に新たに沖縄振興特別措置法が制定され、跡地利用の促進を図ることを目的に新しい章が設けられた。この法律においても国、県、市町村は密接な連携を図ることとされ、国は財政上の措置等、県と市町村は整備計画やその他の措置を講ずることとされた。同時に、普天間飛行場などの大規模跡地とその他の特定跡地の概念を導入し、跡地利用に長期間を要する大規模跡地や特定跡地には、返還後三年間を超えても使用収益がなければ、一定の期間給付金を支給するということになり、改善が図られた。

運用面での不明確さとその改善

軍転特措法は議員立法であったために、法律の条文ごとの担当官庁が不明確な部分があった。

一九九〇年に返還が合意されたキャンプ瑞慶覧アワセゴルフ地区は、大規模商業施設を跡地利用の主要施設として計画し、そのために早めの現地立ち入り調査などを行い、可能な限り早期に土地区画整理事業を実施する必要に迫られていた。米軍基地に立ち入るためには、一九九六年に日米で合意された「合衆国の施設及び区域への立入許可手続」に基づき、米軍へ許可を申請する必要があった。しかし、キャンプ瑞慶覧については、米軍住宅地の平穏を阻害するなどの理由により不許可となることが多かった。

軍転特措法では、その第九条に、「国に対し、当該駐留軍用地についての調査及び測量に関してあっせんを申請することができる」という規定があり、これを根拠に国に斡旋《あっせん》を申請することとした。だが、まず沖縄防衛局に斡旋を申請しようとしたが、防衛省設置法等には軍転特措法の第九条が防衛省の所管であるとの明文規定がない、との理由でいったんは断られた。外務省や内閣府も所管ではないとの返事であった。議員立法であるがゆえに、所管省庁が曖昧なまま放置されていた結果である。

結局は、沖縄防衛局や外務省沖縄事務所、沖縄総合事務局、県および北中城《きたなかぐすく》村との話し合いのなかで、基地立入許可手続に基づいて、沖縄防衛局が許可申請を代行することとなり、斡旋と同様の結果となったのである。沖縄防衛局の努力により、朝と夕方以降の立ち入りだけでなく、写真撮影や草類・小動物の採取なども認められ、早期の跡地利用に大いに資することとなった。所管官庁の問題は、後の「跡地利用推進法」の制定により解消されることとなる。

返還前、返還後の手順

このように、跡地利用法制度のなかった時代から議員立法で成立した軍転特措法へ、そして沖縄振興特別措置法、跡地利用計画策定に対する高率補助金制度の創設などを通じて、跡地利用を円滑に促進する体制は一応整った。しかし、現実に返還跡地が再整備され、土地の使用収益が切れ目なく円滑に行われるためには、いくつかの課題が残った。

軍転特措法と沖縄振興特別措置法では、学校等の公共公益施設を先行取得する場合、譲渡所得の特別控除がないか、もしくはあったとしても、控除金額が少額なため（公有地の拡大の推進に関する法律が適用されれば、一五〇〇万円の控除）、先行取得がなかなか進まない。給付金制度も、返還後三年間を経過した後でも一定の期間は延長されたが、返還後の環境汚染物質等の除去などに数年もかかる場合がある。環境影響評価（環境アセスメント）も、配慮書→方法書→準備書→評価書という段階を踏むことになると、三～四年ほどの期間を要する。また、土地区画整理事業も規模にはよるが、整備が概成するまでには一〇年前後の期間を要するため、土地の使用収益が始まる前に給付金は切れてしまうことになる。

このような事情から、沖縄県は二〇一一年に「駐留軍用地跡地利用推進法（仮称）」の要綱案を作成して、国に要請した。その翌年、「沖縄における駐留軍用跡地の有効かつ適切な利用の推進に関する特別措置法」（以下、「跡地利用推進法」）がついに制定されたのである。この「跡地利用推進法」の施行により、先行取得に係る五〇〇〇万円の特別控除が可能となり、給付金も使用収益を開始することができるまでのあいだ継続することとなり、土地立ち入りの斡旋制度も拡充され、環境汚染や不発弾の処理についても徹底されることとなった。画期的な法整備と言えるであろう。

返還された基地は、沖縄の「土地資源」

米軍基地の跡地利用は地域性が関係する問題であるから、オールジャパンとはならず、沖縄特有の問題として取り組まざるをえない状況があった。したがって、政府の多大な理解と協力はあったとしても、「跡地利用推進法」は、県や関係市町村の主体的な取り組みによって勝ち取ったものであるともいえる。

「那覇軍港」やキャンプ瑞慶覧西普天間地区などは、返還が決まった当初は、多くの地主が返還に反対を表明していた。キャンプ・ハンセン北側地区の場合は、跡地利用が決まらないことなどを理由にして、名護市が返還に反対したことも事実である。

反対論の背景には以下のような事情があった。沖縄戦後に米軍基地として接収された土地に対しては、当初は微々たる軍用地料しか支払われなかった。しかし、日本復帰後の軍用地料は右肩上がりで上昇を続け、近年では周辺地価が横ばい、もしくは下落したとしても軍用地料のほうだけは上昇する、という現象も見られた。長い期間にわたり軍用地料が支払われつづけた結果として、軍用地料は県民の生活の糧《かて》や市町村の財源として定着しているために、軍用地が返還された後の給付金や、展望の持てる跡地利用計画がなければ、今後とも地主の返還反対は続くのかもしれない。

しかし、そうだとしても、軍用地の跡地利用は将来の沖縄の振興発展に大きく寄与するものであり、また、そのようにしていかなければならない問題である。「跡地利用推進法」の基本理念（第三条）は次のように表現している。「駐留軍用跡地は、戦後長期間にわたって駐留軍によって使用された後にようやく返還される沖縄県の貴重な土地資源であることに鑑み、二十一世紀における沖縄県の自然、経済、社会等に係る新たな展望の下に、沖縄県の自律的な発展及び潤いのある豊かな生活環境の創造のための基盤として、その有効かつ適切な利用が推進されなければならない」、と。返還された軍用地の跡地は、将来の沖縄の発展を築くための、県民にとっての「土地資源」と位置づけたのである。

ところで、二〇一三年の「統合計画」では、嘉手納飛行場より南の一〇〇〇ヘクタール以上の米軍基地の返還が日米両政府によって合意された。これらの米軍基地は沖縄本島中南部地域に位置しており、基地の周辺部は都市計画区域内にあり、そのほとんどは市街化している。それらの土地が有する開発ポテンシャルは高く、また、地主をはじめ県や市町村も都市的土地利用を計画している区域である。

合意された区域には、普天間飛行場（約四八〇ヘクタール）やキャンプ・キンザー（約二七四ヘクタール）、キャンプ桑江《くわえ》（約六八ヘクタール）があり、さらには二〇一五年に返還されたキャンプ瑞慶覧西普天間住宅地区がある。関係する市町村を中心に、都市的利用を図るための、大規模駐留軍用地跡地利用推進費を活用した利活用計画や地主の意向調査などが行われている。

その一方で、嘉手納飛行場より北の米軍基地が返還された場合は、都市的土地利用による市街地形成が困難な区域があることも確かである。例えば、二〇〇六年に返還された読谷《よみたん》補助飛行場跡地などでは、農業的土地利用が行われている。返還が予定されている北部訓練場では、環境保護のための保全地としての土地利用が想定されている。恩納通信所跡地やギンバル訓練場跡地では、紆余曲折を経たうえで、リゾート開発や公共的な土地利用が行われようとしている。

したがって、返還予定地の跡地利用については、その全てを経済効果という観点から評価することは現実的ではない。「土地資源」をそれぞれの地域のために、そして沖縄全体のために、ひいてはわが国のためにどう利用すべきか。そのことが問われるのが、返還された基地の跡地利用の問題なのである。

3　那覇新都心と普天間飛行場

「細切れ返還」の問題点

経済効果の観点から返還跡地を議論するときに、成功事例としてよく引用されるのが那覇新都心地区である。那覇新都心地区は、返還前は牧港住宅地区（牧港ハウジングエリア）と称されていた。ただし、行政区域としては牧港という地名は適切ではない。普天間飛行場なども実はほとんどが普天間にあるわけではなく、米軍がその地域で代表的な地名を基地名に冠したものだと言われている。

牧港住宅地区は、一九七三年およびその翌年のSCCにおいて移設条件付きで返還合意がなされた後、七五年から六回にわたり分割返還され、八七年に全面返還された。いわゆる「細切《こまぎ》れ返還」がなされたことから、初めの返還から土地の使用収益が始まる九八年まで、実に二〇年余りの期間を要することとなった。返還軍用地は道路や公園などの公共施設、上下水道、電気、ガスなどのライフラインが未整備な状況であり、良好な宅地として利用できる状態にはないのが一般的である。細切れ返還が行われると、返還跡地単独では利活用できないため、返還跡地全体での円滑な跡地利用に大きな課題を残すこととなった。

一般的に、市街地での返還跡地の基盤整備を行う場合、土地区画整理事業が活用されている。公共施設やライフラインのみならず、宅地の整備まで一括で行うことができる利点がある。さらに、隠れた大きな利点として、跡地については地籍境界が未画定な土地や、地籍が正確に実測されていない土地が多々ある。登記簿上の土地を一筆ずつ合算していくと、実測による跡地全体の面積をオーバーしてしまうことも頻繁に生じるが、土地区画整理事業の減《げん》歩《ぶ》を伴う換地によって、これらの事態が解消される。

登記簿上の土地面積を基本としつつ、各々の財産価値に応じて減歩されるため、実際の跡地面積にうまく収めることが可能となり、地権者間の不公平感の解消にもつながるのである。また、沖縄県の土地区画整理事業を国庫補助事業で行うと、本土の補助率は二分の一であるが、沖縄県は一〇分の九ときわめて高率な補助率が適用されている。施行者が県、市町村、組合などであっても全て高率な補助率が適用されるという優位性がある。

軍用地跡地としての那覇新都市心開発

牧港住宅地区は全面返還後に、那覇新都心地区土地区画整理事業が地域振興整備公団（現在のUR都市機構〔都市再生機構〕）により実施され、事業名の「那覇新都心」がそのまま地区名となった。

那覇新都心地区は那覇市の北側に位置し、浦添市と那覇市を連絡する絶好のロケーションにあるだけでなく、返還面積が約一九二ヘクタールもあり、市街地の中心部における返還としては過去最大規模である。加えて、周囲には国道五八号や国道三三〇号のほか、県道八二号線といった四車線以上の幹線道路に囲まれている。地区外道路として新設すべきなのは唯一新都心牧志線だけであり、返還跡地内の開発に傾注するだけで街ができあがるという好条件下にあった。このため、新都心地区では返還跡地だけではなく、周辺の密集市街地も取り込んで再整備を同時に行うことができ、全体で約二一四ヘクタールの土地区画整理事業が実施された。

一九八七年に全面返還された後、原状回復や任意の環境影響評価などに数年を要し、事業着手したのは九二年であった。その後、九八年に第一次使用収益が開始されると、急激に市街化が進展し、わずか六年ほどで地区内人口は一万一〇〇〇人を超えた。その市街化速度は、沖縄における過去の土地区画整理事業とは比較にならないほどのスピードであった。

土地区画整理事業が成功したか否かを検討する場合、さまざまな要因があり、単純に評価することは困難である。筆者は、事業中もしくは事業完了後にどの程度のスピードで市街化が進み、計画人口を達成できたのかが大きな判断要素であると考えている。つまり、土地区画整理事業の真価は事業完了後に問われるのであり、その観点から言えば、那覇新都心地区土地区画整理事業は十分に高い評価を与えてよいと考える。

こうしたスピーディな市街化が進展した理由としては、日本の安全保障のために提供された米軍基地という状況は生産的な土地利用ではなく、それに比べると民生的な土地利用のほうが需要は高い、という側面に着目しなければならない。しかしそれ以上に、沖縄本島中南部地区の市街地または市街地に近い返還軍用地は、そもそも開発のポテンシャルがきわめて高いという点を重視すべきである。また、沖縄県は二〇二五年までは人口が増加すると推計されており、世帯分離を考慮すれば、世帯の増加のほうはさらに高い割合になるものと考えられ、この動向が住宅需要に直結していると言えるだろう。

返還された軍用地の経済効果

このようなスピーディな市街化は、県や市町村の財政にも好影響を与えている。

沖縄県における土地区画整理事業は一〇分の九という高率補助が適用されていることから、

本土に比べると県・市町村の財政負担は軽くなっている。しかし、国庫補助の裏負担や高率補助の対象外事業などもあるため、返還された跡地の規模が大きければ大きいほど、それに比例して支出する費用も増えることになり、一時的には財政負担が重くなる。県・市町村は、これらの費用を税収で解消することを目指す。

那覇新都心のケースを紹介すると、県は使用収益開始後一五～二〇年で、市は五～一〇年で、それぞれの税収の累積額が支出の累積額を上回っている。このことは、県や市町村の起債償還期間がおおむね二〇年であることを考慮すれば、スムーズに起債償還が可能となったことを示唆している。

那覇新都心地区の開発による経済効果について、沖縄県が実施した「駐留軍用地跡地利用に伴う経済波及効果等検討調査」（二〇〇六年）などの成果を基に考察してみると、以下のような状況が浮上する。

返還前の直接経済効果は、返還前の地代収入、軍雇用者所得、米軍等への財・サービスの提供額のほか基地交付金などを指す。返還後の活動による直接経済効果のほうは、卸・小売業、飲食業、サービス業、製造業の売上高や不動産賃貸額などを指す。そこで返還の前と後を比べると、返還後の那覇新都心地区は実に三二倍もの経済効果をもたらしているのである。

ちなみに、返還された那覇市の小禄金城《おろくかなぐすく》地区では一四倍、北谷《ちゃたん》町の桑江・北前《きたまえ》地区では一〇八倍もの高い水準の経済効果となっている。

返還が合意されている嘉手納飛行場より南の返還予定軍用地は、約一〇〇〇ヘクタールであるから、既成市街地においてこれほどの土地利用が可能となるのは、まさしく驚異的である。言うまでもなく、今後の沖縄県の発展を担う貴重な空間である。では、嘉手納より南の返還予定軍用地の開発後の経済効果はどの程度のものになると予想されるだろうか。

沖縄県の調査結果によれば、対象とした返還予定軍用地はキャンプ桑江、キャンプ瑞慶覧、普天間飛行場、牧港補給基地、那覇港湾施設である。返還前の軍用地料などの経済効果と比較して、返還後の活動による直接経済効果は最も高い那覇港湾施設で三六倍、最も低いキャンプ桑江でも八倍となっており、民生的利用による高い経済効果が予測されている。

しかし、この倍率をそのまま鵜《う》呑《の》みにしてはいけない。これらの経済効果は、返還予定軍用地の全てが那覇新都心並みに整備・発展するという前提に立ったものだからだ。このことに関して、県の調査報告書では、実現に向けては同額程度の県内経済の拡大、もしくは県内他地域からの需要移転が必要となる点に注意が必要である、と説明している。

予想される住宅地をめぐる状況

県庁所在地である那覇市において、那覇新都心地区はロケーションの面や交通アクセス、周辺地域の整備状況の面で、際立って開発ポテンシャルが高い地区である。この地区と同様に整備・発展するという前提であれば、予想される経済効果はむしろ理想的土地利用としての最大値に近い、と考えたほうがよい。特に大事なことは、同額程度の県内経済の拡大であり、県内経済全体のパイが増加するような土地利用が必要となる。県内他地域からの需要移転では、需要が右から左に移転するだけであり、新たに開発された地区が発展する傍らで、需要移転された地区では空洞化が発生し、別の問題を抱えてしまう。

とりわけ、住宅地の将来需要は深刻な側面を帯びている。二〇〇八年の県調査では、人口増加や世帯数の伸びの鈍化により、今後新規の住宅地需要が先細りすることを勘案した際の、住宅地の需要量と供給量を推計している。二〇二九年度までの住宅地需要量が三四九ヘクタールであるのに対し、返還跡地からの供給量だけでも五〇〇ヘクタールもあり、跡地以外からの供給量を一二四〜五五〇ヘクタールとすれば、供給過多となる住宅地は二七五〜七〇一ヘクタールに上るものと推計されているからである。

返還跡地からの供給量だけでもすでに需要量を超えており、返還跡地以外の供給が全て止まったと仮定しても、周辺地域からの基地跡地への移転に伴う街の空洞化や、供給過多による住宅地地価の下落などの影響が生じる可能性が高い。街の空洞化は、空き家が増え、人口の集積がなくなることにより、治安悪化や公共公益施設の管理上の問題、また経済上の問題も惹起し、良好な生活空間を維持できなくなってしまう。

しかし、住宅地地価については、従来から沖縄県では米軍基地の存在によって可住地面積が小さいことから、九州でも福岡県に次ぎ地価が高いと指摘されてきた。地価の下落はその程度にもよるが、基地返還によって適正な地価に落ち着くのではないか、との考え方もある。賃貸住宅が東京都並みに多い沖縄県では、地価の下落によって持ち家が増えることになれば、新規の住宅地需要につながるほか、ゆとりのある敷地の取得も可能となるのかもしれない。

住宅地の供給過多は、これまでの県内における住宅地供給の想定を超えた問題を惹起する可能性があり、筆者は可能であれば回避すべきだと考えている。したがって、これからの大規模返還跡地においては、これまでのように宅地面積の六〇～七〇パーセントを通常の住宅地として土地利用するのではなく、まず新たな産業や企業の立地などに重点的かつ計画的に取り組み、沖縄経済の拡大を図ることにより、沖縄の自立的発展に寄与する貴重な空間としての計画的な街づくりや、新たな経済活動の拠点整備につなげるべきだと思う。

普天間飛行場はなぜ密集住宅地に隣接しているのか

日米が合意した嘉手納飛行場より南の返還予定軍用地のなかで、最大規模の軍用地として存在するのは宜野湾《ぎのわん》市の普天間飛行場であろう。

宜野湾市の市域面積は約一九八〇ヘクタールであり、普天間飛行場はその約四分の一の面積を占めている。普天間飛行場の面積は約四八〇ヘクタールであり、そのうち民有地が九〇パーセントを占め、国有地の面積はわずか七・五パーセントにすぎない。

日本本土の米軍用地は、旧日本軍の基地をそのまま利用しているものが多いために、国有地の割合が平均で約八七パーセントに及ぶ。したがって、返還された後も国を中心に跡地利用がなされ、地権者の合意形成も比較的容易であるのに対し、沖縄の場合、特に中南部地域の米軍基地では何千人もの地権者がおり、合意形成には多大な時間と労力を要する。この実情は、実際の跡地利用において決定的な意味を持つと言ってよい。

普天間飛行場は、一九四五年の沖縄戦において米軍に占領された後に接収され、米陸軍工兵隊が本土決戦に備えて滑走路を建設したことに由来する（前掲「跡地カルテ」）。新たな基地を民間地域に建設したことにより、結果として民有地の割合が高くなっている。普天間飛行場の周辺には多くの集落が存在しているが、そのなかには密集市街地と言わざるをえない劣悪な住環境の地区がある。なぜ、このような地区が形成されたのであろうか。

沖縄戦終結後、米軍は一〇か所の収容所に住民を集め、早い地域では一九四五年から、遅い地域ではその翌年頃から、かつての居住地への復帰を認めた。しかし、旧集落のほとんどが軍用地として接収されていた普天間飛行場のような地域では、地元に帰ることはできず、住民たちは旧集落の周辺に仮住まいするか、近隣の市町村に分散して居住するしかなかった。普天間飛行場の場合は、その土地を接収された宜野湾、神山《かみやま》、新城《あらぐすく》などの集落の住民たちは、同飛行場に隣接する地域に移転せざるをえなかったのである。

その過程において、戦後沖縄の独特の土地利用形態である「割当土地」（通称は「割当地」）という事態が発生した。割当地とは、戦後の混乱期において特別に居住許可が与えられたものであるが、筆界も所有権も関係なく、他人の土地に居住してよい、というものであった。基地建設に伴う土地の接収等で、自分の土地に戻りたくても戻れない住民に対するやむをえない措置であったかもしれないが、しかし、将来に禍根《かこん》を残すことになった。いずれは元の居住者や土地所有者が戻ることが前提とされていたが、実際的な配慮はなく、暫定的な土地の割り当てという性格を帯びていた。

アメリカ統治時代の一九五一年に「沖縄群島割当土地に関する臨時処理条例」が、五五年には「沖縄群島割当土地に関する臨時処理条例の廃止に伴う措置に関する立法」が制定され、貸借権と期間の法的位置づけがなされた。戦後間もない時期に制定されたものではあるが、日本復帰後においても借地権として継続している。

軍用地主のモチベーション

そのような歴史的事情があるために、今日においても土地所有者と借地権者の権利をめぐる対立は存続しており、市街地の再整備を進めるうえで大きな障壁になっている。それを克服する手段として、土地区画整理事業などの開発手法を通じて権利変換を行うなどにより解決することも可能であるが、戦後の事情が今もなお現在を規定しつづけていることに着目してほしい。普天間飛行場周辺の密集市街地は、そのような事情を赤裸々に示す典型的な事例といえるのである。

普天間飛行場の周辺には、先に述べた那覇新都心の場合とは異なり、幹線道路などの交通アクセスがほとんどない。したがって、普天間飛行場が返還されその跡地だけを対象に整備したとしても、良好な街づくりは困難であり、周辺の密集市街地を残したままでの整備は、都市のあり方としては大いに問題が残ることになる。

では、日米で返還が合意されている普天間飛行場の跡地利用計画はどのように進められているのだろうか。跡地利用計画は当該市町村が作成し、県は総合整備計画を、国は取り組み方針を策定することが、「跡地利用推進法」において定められている。普天間飛行場については、県と宜野湾市が協力して跡地利用計画作成のための調査を行っており、二〇〇六年には「普天間飛行場跡地利用基本方針」を、その翌年には行動計画を作成し、さらに二〇一三年には「全体計画の中間とりまとめ」を作成している。

その内容は、骨格となる交通アクセスとして、南北に貫く鉄軌道などの公共交通システムおよび中部縦貫道路を、東西には宜野湾横断道路を計画している。また、国営公園などの立地も計画しており、総合的な街づくりを目指しているが、跡地利用計画そのものの作成はまだなされていない（二〇一六年十二月現在）。

普天間飛行場跡地利用計画作成の最も大きな障害は、返還時期の不透明さに尽きる。行動計画には跡地利用計画作成に係る手順などが示されてはいるが、具体的な年度は示されていない。返還の目処が立たないからであり、この状況はその後も変わっていない。返還時期が見通せなければ、具体的かつ詳細な土地利用計画の策定も不可能であり、道路、公園などの公共施設の整備に係る期間や、手法や費用なども詳細に推計できず、企業誘致や産業の立地などの面でも具体的な対応ができない。

特に深刻な課題は、土地利用に絶対的な協力が必要な地主会の意識であろう。もともと地主会には返還や跡地利用に積極的な地主と、どちらかといえば消極的な地主がいる。返還時期が見通せず、跡地利用計画策定に向けての調査だけが進行する状況が続き、いつ普天間飛行場が移設され、いつ返還されるのかが全くわからない状況のなかでは、跡地利用に向き合う地権者の意識の低下につながりかねないのである。

普天間飛行場跡地利用の見通し

普天間飛行場のような広大な土地を開発するためには、多大な労力と時間、費用を費やさなければならず、さらに三〇〇〇人を優に超える地権者の合意形成の困難さが存在する。しかし、開発整備に時間をかけすぎると、跡地利用計画そのものが時代遅れの陳腐なものとなる危険性をはらんでいるため、可能な限り早急に整備することが必要となる。

整備手法としては、従来から用いられてきた土地区画整理事業の枠組みを利用することになるだろう。その場合に、周辺の既成市街地をどのように取り込んでいくか、先行して考える必要がある。また、普天間飛行場のなかやその周辺地域に幹線道路がない現況においては、中部縦貫道路や宜野湾横断道路などの骨格道路を先に整備しなければ、円滑な跡地開発は難しいはずである。

土地区画整理事業で道路を整備しようとすれば、地権者の合意形成を図ったうえで、仮換地指定を待たねばならならない。時間がかかりすぎるため、土地区画整理事業から骨格道路を外すなり、新しい事業手法を採用するなり、整備期間の短縮に努力しなければならない。土地区画整理事業の事業主体を誰にするのかの検討も必要であろう。従来の県内の土地区画整理事業では、ほとんどの場合、市町村や地権者による土地区画整理組合が施行者としての役割を担ってきた。那覇新都心地区の二倍以上の面積を有する普天間飛行場の場合は、新規の住宅地需要がこれまでのようには見込めず、新産業立地や企業誘致などに力を入れなければならないことを考えれば、民間の土地区画整理組合または市単独ではとうてい困難であり、国、県、市などが連携して施行者となることが必要となろう。

那覇新都心地区の土地区画整理事業費が約五〇〇億円であったことを考えれば、普天間飛行場跡地は少なくとも一〇〇〇億円以上の事業費が必要となるにちがいない。土地区画整理事業で整備される施設以外のほかの公共公益施設整備についても、一〇〇〇億円以上の費用がかかるものと推定されている。高率の国庫補助があったとしても、特に宜野湾市の財政負担は並大抵ではないと予想される。那覇新都心地区のような驚異的な市街化に比べると、普天間飛行場跡地の整備速度はかなり遅く、コストを回収するまでに二〇〜二五年はかかると推計されている（前掲『駐留軍用地跡地利用に伴う経済波及効果等調査報告書』）。そのことを考えると、宜野湾市に対する特別な財政支援が必要となるであろう。

いずれにしても、鉄軌道や中部縦貫道路（国道を想定）、大規模公園（国営を想定）、新産業立地、新たな企業誘致、財政支援などが必要であり、そのための新たな法整備も考えられる。これらのことを実現するためには、国の全面的な協力と支援が必須であり、国、県、市の高いレベルでの政策決定機関を設置し、協力体制を確実なものとすることが最も重要となるにちがいない。

第Ⅴ章　基地問題の理想と現実

1　基地行政のリアリズム

地方行政と基地問題

一九七二年の日本復帰によって、沖縄県および県内各市町村は地方自治法に定められた自治体としての権限を有しつつ、米軍基地問題と向き合うことになった。しかし、日米安全保障条約やその付属条約である日米地位協定によって規定される米軍の行動は、多くの場合、地方自治体の権限外にある。

沖縄県民の願いは、最終的には米軍基地のない状態を実現し、経済的自立を達成して平和に暮らしたい、ということに尽きる。この願いに保守・革新という政治的な立場の違いはない。県民の願う沖縄の姿をいかに実現するかは、任務や職掌にかかわらず、沖縄県や県内市町村に勤務する職員に課せられた責務である。したがって、行政に携わる者は法制度の執行者としての立場に立脚し、そのうえで問題解決のための方法論を構築することが求められる。

ここでは多岐にわたる基地問題のなかから、県民が特に渇望し、喫緊の行政課題として存在する、①基地の整理縮小、②普天間飛行場の移設、③日米地位協定の見直しを中心に、基地問題の現状と行政の取り組みについて説明しておきたい。

なぜ基地の整理縮小が進まないのか、なぜ米軍は沖縄に駐留しつづけるのか、なぜ事件や事故はなくならないのか、といった「そもそも論」についてはここでは述べない。なぜなら、これらの問いに対する解答や認識は多くの専門家たちが提示しており、しかもさまざまな見解が示されているからだ。行政の側の責務は、与えられた制度条件の下で、県民負担のすみやかな軽減および解消を目指すという問題解決型の立場にある、と考えるからである。

ところで、沖縄県議会の本会議における質疑は、基地問題関連の件数が通常では約四割を占める。大きな事件や事故が発生したり、安全保障上の大きな動きがある場合には五割を超える。県執行部の基地問題に対する対応や認識に関する議員の関心は高く、執行部を問い質す際の姿勢も厳しい。基地あるがゆえに派生する諸問題の県民への影響について、日米安保体制に対する評価について、米国の世界戦略について、アジア太平洋地域の安全保障の動向についてなど、幅広い質疑・応答が議場を飛び交う。米軍基地が所在するわが国の一五都道府県のなかでも、これほど熱心に、多くの時間を費やして米軍基地の問題を議論する議会はほかにはないだろう。

行政が取り組むべきこと

保守・革新という枠組みは過去のものになったと言われて久しいのだが、しかし、護憲・反安保勢力が多いのも沖縄県議会の特徴である。二〇一六年六月に行われた沖縄県議会議員選挙では、普天間飛行場の名護市辺野古への移設の是非を問うことが主な争点だとされ、開票の結果、共産党、社会民主党をはじめとする護憲・反安保勢力が過半数を占めた。自民党は議員数では最大会派ではあるが、県政野党の立場にある。与党は共産党、社民党、沖縄社会大衆党などからなる。

日本復帰以降、沖縄県政は革新から保守へ、保守から革新へ、さらに革新から保守へと変遷し、二〇一四年十二月以後は「オール沖縄」を称する革新寄りの勢力が翁長知事を支えており、議会の多数派を占めている。過去の政治プロセスを見ると、いつの時代においても基地問題をめぐる保守・革新の勢力構成は拮抗《きっこう》しており、基地問題のみならず、わが国の安全保障政策に関する厳しい意見が飛び交うことに変わりはない。

県議会では、「普天間飛行場の代替施設の建設は、米国が恒久的な基地戦略を目論《もくろ》んでいる証拠だ」とか、「オスプレイ（米軍の輸送機）は欠陥機であり、その配備はきわめて危険ではないか」といった意見が、与野党を問わず主張される。これらの意見や質疑に応えうるだけの一次的情報や権限を県行政は持っていないにもかかわらず、である。

議員の知識は多くの場合、マスコミの情報に基づいており、そのなかには推定や主観に立つ質問も多い。行政執行部の側は、「政府によれば」とか、「一般論としては」といった程度の答弁しかできない。権限のない者が明快な答弁をすることはできないのであるから、問題解決に向けての具体的な道筋や姿勢を示すしかない。

そのような県の姿勢を見て、議会や一般県民、あるいは日本政府の側からも「優柔不断」「不決断」と受け取られる場合が往々にしてあったと思う。ある場面では、基地を全否定するか、それとも容認するか、どちらかに軸足を置けという声を浴びせられることもある。

県職員は、むしろこのような状態を自然だと受け止めて職務に専念する必要がある。なぜならば、基地問題を解決し県民の望むような「基地のない平和の島」を実現するためには、多くの批判を浴びつつも、県民と日米両政府のあいだに立って段階的、現実的にものごとを進めなければならない立場にあるからだ。基地問題の困難さを自覚しつつ、一歩、二歩と前へ進む以外に方策はない。

政治的な立場はどうであれ、基地問題の解決に取り組むために、日米両政府と向き合い、具体的な道筋を追求することが行政に課せられた責務である。県民の声を両政府に届け、現状を説明し、改善を求める行動に徹する。防衛省や外務省、内閣府、時には総理官邸がその際の要請先となる。米軍に対しても、頻繁に抗議や要請の行動を展開しなければならない。そのような行動の際の基本姿勢は、日米安全保障条約の存在を認めつつ、そのうえで沖縄県に過重に存在する施設を計画的・段階的に整理縮小することを求め、全体として米軍の運用を軽減させることである。そのためには国家間の協議が必要であり、沖縄県民が納得できる日米合意を引き出すことがゴールとなる。

騒音や事件事故、環境汚染など基地から派生するさまざまな問題は、当然のことながら法に基づき処理される。しかしながら、国内法に優先する条約である日米地位協定という壁が存在する。地位協定の問題については後述するが、制度を変えたり、あるいは住民利益に沿う解釈を引き出すためには、沖縄側からの緻密で粘り強い要望行動を続ける必要がある。

また、第Ⅳ章第1節で紹介したように、基地関連収入は日本復帰以前に比べて著しく減少したとはいえ、県民所得のなかで今なお一定の割合を占めていることも現実である。基地の整理縮小を進める際には関係市町村や軍用地主、商工関係者の立場にも十分配慮しなければならない。

市町村と県の連携

沖縄県軍用地転用促進・基地問題協議会（軍転協）は、いわゆる未利用軍用地および跡地の利用や転用を図り、基地（自衛隊基地を含む）から発生する諸問題について沖縄県と二六の基地所在市町村が話し合う場である。地域住民の生活を守るために、問題改善に向けた意見交換を行い、そこで合意された内容を政府に要求する行政ベースの役割を果たしてきた。この仕組みを通じて、県は市町村や軍用地主の代表と綿密に調整を重ねながら、あるべき基地の整理縮小の姿を追求してきた。

一般的に言えば、米軍基地が所在する市町村は問題の現場に最も近い位置にあるため、基地に対しては硬軟織り交ぜた対応を行っているように見える。事件や事故が起きると猛然と抗議するが、常日頃は基地の司令官などと交流し、地域住民の安全を最優先に考える働きかけを行っている。例えば、住民の防災や安全の確保のために基地司令官と談判し、非常時の際には基地内の通行を可能とする協定を取り付けるなど、地道な努力が行われている。基地問題の最前線に置かれている市町村こそが主役であり、基地の返還計画や跡地利用計画にあたっては、市町村の意向が最大限に尊重される必要がある。

基地問題に向き合う際の県の立場において課題となるのが、「優先順位」の問題であろう。喫緊の課題として取り除かなければならない基地負担は、事故の危険性や地域の発展を妨げる占有状況であるが、これらの問題には地域差があり、人口の密集度等により負担の範囲も異なる。最も重い負担を最優先で取り除くこと、しかも段階的に影響を解消していくことが求められる。

その意味で、米軍施設を人口の密集する沖縄の中南部から北部に移転するという方向は、言うまでもなく受け入れる側への配慮が前提だが、ベストではなくともベターだと考えられる。しかし、この方法は政治的に大きな軋轢《あつれき》を生むことは言うまでもない。規模の差はあるものの、市町村は同等の権利を有しているのであって、ある市町村から他の市町村へ負担を移転することは、移転される側の反撥を招くことになる。

基地問題の案件について、「反対」と「賛成しない」のあいだには大きな開きがある。後者は一定の負担を受け止めつつ、総体としては改善に向かうことを望むという立場になる。基地の受け入れに関して、双手《もろて》を上げて歓迎するような市町村長は存在しない。これまでの沖縄の基地問題は、こうした市町村の大局的な判断の下で前進してきた。したがって、基地問題を担当する県職員の場合も、市町村長の立場に最大限の配慮を払いつつ、事態の現実的な解決を目指し、水面下で議論・調整を図らなければならないのである。

「基地返還アクションプログラム」の蹉跌

県や市町村の首長・議員を決める選挙のたびごとに、候補者は米軍基地と日米安保への態度を鮮明にすることを求められる。基地問題は有権者の投票行動を左右し、首長や議員の政治生命をも制する重要な争点なのだ。沖縄県知事は政治家でもあるから、例外なく基地問題の解決を公約に掲げて当選してきた。当選後もさまざまな基地問題に直面し、県民と政府の板挟み状態で苦闘するという構図に陥った。

沖縄の日本復帰を担った戦後初の公選主席（一九六八〜七二年）であり、同時にまた新生沖縄県知事（一九七二〜七六年）だった屋良朝苗は、「核抜き本土並み、基地なき沖縄」の復帰を望む県民の声と、日米安保体制を堅持する政府のはざまで苦悩した。

沖縄返還協定には、米国の軍事力を損なうことなく返還が達成されるべきだと明示されていた。条約の内容が明らかになり、県民が強く反撥し、復帰のあり方に対する疑問や批判が高まる状況において、屋良は全力を傾注して難局に向き合った。可能な限り県民の権利が損なわれることのない復帰のあり方を主張し、制度を検討しつつ日本政府と交渉を重ねた。例えば、軍用地主の権利や駐留軍従業員の待遇、施設の返還促進などの案件についてである。

沖縄返還にあたっては、安全保障・経済の面で日米に密約があったことが近年明らかになった。その頃、時として支持母体である革新共闘会議からの批判を浴びながら、問題解決に苦悩する屋良の姿が自身の著書『激動八年——屋良朝苗回想録』（一九八五年）に記述されている。傷だらけになりながらも、時代の転換期を乗り切ったその屋良を支えた人びとのなかに、県職員もまたいたのだと思う。

一九九〇年の知事選において革新統一候補として勝利した大田昌秀は、彼自身が沖縄戦体験者であると同時に沖縄戦後史の研究者であったから、その体験・知見に立って基地問題の解決に取り組んだ。大田知事の在任中、一九九五年に米兵による少女暴行事件が起こった。県民の反基地感情がこれを機に沸騰《ふっとう》したので、日米両政府はあらためて基地負担軽減策に取り組まざるをえなくなった。沖縄の基地問題が国政を揺るがせた時期だった。

基地問題の解決に強い意欲を持つ大田知事が主導して作成したのが「基地返還アクションプログラム」（一九九六年）である。その要点は、「国際都市形成構想」の一環として二〇一五年までに米軍基地の全てを沖縄から撤去させる、というものであった。基地の整理縮小については、牛歩のような日米両政府の交渉に委ねていては埒《らち》が明かない、ならば、沖縄側から積極的に問題を提起するしかない、という思いからだったのだろう。

基地の運用や廃止に関する権限を有しないばかりか、基地がどのように運用されているのか、その具体的な情報も持たない県が、整理縮小の絵を描いたとしても、それは実効性のない理想にすぎなかったと言わざるをえない。

しかし、「基地返還アクションプログラム」は夢物語に終わった、と決めつけてはならない。そこに示された施設別の一覧は、その後の日米両政府が「沖縄における施設及び区域に関する特別行動委員会（SACO）」合意を検討するにあたり、重要な資料になったことは現実の返還計画の内容から見て疑いがない。大田県政の取り組みは沖縄の基地問題を前進させる一定の礎だったが、とはいえ、県民の理想を背負った政治と、現実に向き合う行政実務とのあいだの大きな距離を示した。

一九九六年のSACO最終報告に盛られた普天間飛行場の返還問題の結論は、同飛行場を名護市の辺野古地区に移設するというものだった。日米が合意したこの計画は沖縄県の最大の政治問題となり、地元の宜野湾市と移設先の名護市、そして周辺自治体をも巻き込んで容認論、反対論に県民世論を二分してきた。

市民運動と行政

基地問題を考えるとき、市民運動の存在を無視することはできない。苛酷な沖縄戦を体験し、軍国主義の辛酸《しんさん》を舐《な》めさせられた県民の多くが、他県にも増して戦後の革新思想や反戦平和運動に接近したことは自然な流れだったといえるだろう。

組織的な市民運動が米軍に対峙した最初のできごとは、米軍による土地の強制的な収用をめぐるいわゆる「島ぐるみ闘争」だと指摘されている。一九五三年、サンフランシスコ講和条約発効後の冷戦激化のなかで、米軍は基地機能を強化する目的で一方的にその権限を発揮し、土地を取り上げようと図った。そのやり口に強く反撥した当時の琉球政府や立法院、市町村そして市民団体が協働して抵抗したのである。土地問題を発端として始まった「島ぐるみ闘争」は、やがて「祖国復帰運動」や「米軍基地撤去運動」へと拡大する。米軍の理不尽な基地政策に対し、体を張って抵抗した県民の姿は永遠に記憶されなければならない。

しかし、現在の基地行政にとって、市民運動と行政のあいだの距離の取り方は重要な問題である。市民運動は選挙に大きな影響を与える存在であり、県知事・市町村長は常にその動向を気にすることになる。

民主主義の制度においては、市民運動として示される民意を尊重するのは当然のことである。だが、市民運動の側から提起される基地問題に関する主張を、行政の側がそのまま引き受けることは困難な場合が多いことも事実である。

例えば、普天間飛行場の閉鎖・返還が主張されたとした場合、その意見のなかに具体的な手順や方法論が示され、行政としても取り組めるものであればよいが、そうでない場合は一つの意見、立場として引き取ることになる。それは、県民のなかに基地に対する危機感や反対の声があることを、行政として認識する仕事である。

「沖縄の怒り」や「沖縄の苦悩」という言葉を了解しながらも、現実を改善するための行政上の施策にどう反映させることができるか、またできないか、それを引き受ける装置が行政だと思う。行政の長である沖縄県知事が、市民運動と行政のはざまで苦悩する姿は、ある意味では自然なことだといえよう。

復帰時、沖縄県内に存在した米軍施設の総面積は、県土の一二・八パーセントに相当する約二万八六六〇ヘクタールだった。二〇一五年現在では二万二九九二ヘクタール、つまり、前にも述べたとおり減少した面積は四〇年余で約二〇パーセントにすぎないのである。県民の期待に反するこの現実が市民運動の主張の根拠となり、同時にまた、基地行政を悩ませている根源なのである。

SACO合意と米軍再編計画

SACOは一九九五年、ゴア米副大統領と村山首相の会談で設置が決定された。その背景には、その年に起こった米兵による少女暴行事件を契機に爆発した、不公平な基地負担に対する沖縄県民の怒りがあった。危機感を持った政府は、沖縄の基地整理縮小を国政の重要政策に掲げ、日米交渉に臨んだ。政府は、SACOにおいて精力的に米側と交渉を行うと同時に、非公式に沖縄側の要望も聴取している。村山内閣を引き継いだ橋本龍太郎《はしもとりゅうたろう》首相が、断続的に大田県知事と会談したのはこの時期である。

一九九六年十二月に発表されたSACO最終報告では、普天間飛行場の全面返還を含む一一施設、総面積五〇〇二ヘクタールの返還とともに、県道一〇四号線越えの実弾砲撃演習の廃止や、航空機騒音の軽減措置、日米地位協定の見直し等を内容とする合意が示された。二〇〇五年には、SACO合意を一部上書きする形で、施設区域の整理計画が作成された。これが在日米軍再編計画と呼ばれるものである。

SACO合意および米軍再編計画による沖縄の基地の整理縮小が全て実施されるとなると、今後減少する米軍専用施設面積は四八三二ヘクタールとなる（すでに返還されたか、新規に提供された面積を除く）。率にすると、二一・四パーセントの減になる。

この数値については、県民の願望とあまりにも懸け離れたものだとして全く評価しない意見もあるが、県行政においては一定の前進と捉え、さらなる返還促進を図る一段階だと考える立場を取ってきた。なぜならば、SACOおよび米軍再編計画は現在のところ、県民に提示された唯一の、日米で合意された基地整理縮小計画であり、基本的には県民の要望を踏まえたものでもあるからだ。返還予定地域の多くは人口密集地であるから、米軍の運用による県民生活への負担を著しく減少できることは確実である。

当事者としての権能を持つ両政府が合意した整理縮小計画は重要である。なお考慮すべき課題があれば、その点を実証的に明らかにし、粘り強い交渉を通じて上積みを図ることができる。日米合意を否定して、ゼロベースからやり直すという態度は行政としては現実的ではない。大田県政がSACO合意に一定の評価を与えたのは、前述した「基地返還アクションプログラム」の経験が活かされていたのかもしれない。普天間飛行場の返還は、SACO合意の最大の成果、いわば目玉だった。しかしながら普天間飛行場の代替施設をめぐる問題でさまざまな対立が生まれ、今日に持ち越されている。

普天間飛行場問題の現実

普天間飛行場を現在の場所に置いたままにできない理由は、①市街地の真ん中にあって、小さな事故でも市民の生命安全にかかわること、②騒音、飛行に対する不安が市民の正常な生活を妨げていること、③宜野湾市の発展のうえで著しい障害となっていることである。この三点は、いずれも行政が最優先で解決すべき市民のニーズだといえる。したがって、普天間飛行場の設置および管理責任を持つ日米両政府に対して、宜野湾市と県は地方自治体として取りうるあらゆる方策を用いてその返還を実現させる責任がある。

代替施設など必要ではなく、ただちに閉鎖・返還すべきだという意見や、人殺しの集団である海兵隊の基地は不要といった意見など、さまざまな主張や立場がある。しかし、行政の責務は事故の危険性や騒音等の市民生活への直接的影響を取り除く仕事に尽力することである。地方自治体の責任と中央政府の仕事を混同すると、具体的な方策は政府に丸投げか、解決までに果てしない時間を要するという結果につながる。

ＳＡＣＯ合意において、普天間飛行場の返還は県内での代替施設の確保が条件とされたことについては、当初から大きな反対があり、沖縄振興や北部振興との関連も含め今日に続く政治課題となった。

普天間飛行場の移設先が名護市の辺野古崎となったのは、一九九七年、政府が提示した「普天間飛行場代替海上ヘリポート基本案」に対して、二年後の九九年に県が「キャンプ・シュワブ水域内名護市辺野古沿岸域」を移設候補地として選定し、名護市に理解と協力を要請したことによる。九七年、名護市が候補となっていた普天間飛行場代替の海上ヘリポート建設案をめぐり、移設先の名護市では市民投票が実施され、反対票が賛成票を上回った。だが、当時の比嘉鉄也《ひがてつや》名護市長はヘリポートの建設を受け入れたうえで辞任した。大田知事は九八年に、海上ヘリポート反対を掲げて知事選に出馬したが、落選した。そして、受け入れに「反対しない」立場の稲嶺恵一《いなみねけいいち》知事が誕生した。

翌年、「普天間飛行場の辺野古地区への移設」が閣議決定されたが、それ以後、普天間飛行場の辺野古崎移設をめぐり、施設の形態や住民生活への影響、環境への負荷等をめぐる対立が顕在化した。県民世論は二分され、県政、名護市政ばかりでなく、県内のあらゆる政局を左右する政治課題となり現在に至っている。

辺野古代替施設の形態が具体的な議論に上ったのは、二〇〇六年のことであった。当時の防衛施設庁幹部が、沿岸案の飛行ルートや騒音コンター（騒音レベルの等しい点を結んで得られる音の等高線）等について県と名護市に説明している。同年、当時の防衛庁長官と名護市長は、「飛行ルートが市街地上空にかからないこと、滑走路を二本Ｖ字型に建設すること」で合意した。

また、稲嶺知事は、政府とのあいだで普天間飛行場の辺野古移設計画を含む「在沖米軍再編に係る基本確認書」を二〇〇六年五月に交わしている。県のスタンスは、いわゆる「頭越し」で代替施設の位置や形状が決められたのは遺憾《いかん》であるとしつつも、「普天間飛行場の移設の措置に関する協議会」を通じて政府と具体的な議論を重ねていくというものだった。協議会は九回開催され、普天間飛行場の危険性除去の方策について県・宜野湾市と政府のあいだで話し合われたが、辺野古崎が唯一の移設先とする方針は変わることがなかった。

情勢が大きく変化したのは二〇〇九年、民主党政権の誕生による。民主党や社民党、国民新党は、「米軍再編等のあり方について見直しの方向で臨む」との三党連立政権合意書に署名し、事実上、辺野古移設計画の見直しを表明した。移設先を「最低でも県外」と言明した鳩山由紀夫《はとやまゆきお》首相の姿勢が県民の期待を高揚させ、そして、その後の深い失望へとつながったのは周知のとおりである。その結果として、普天間飛行場の移設問題は解決を見ることなく、長い停滞の時期に入った。

ただ、あえて言うならば、行政の立場で理解すると、その是非はともかく、名護市辺野古地域への移設計画が現在でも日米で合意された唯一の方策である、ということに変わりはない。

普天間飛行場の「県外移設」をめぐって

辺野古という県内ではなく、県外または国外に普天間飛行場を移設すべきだ、という意見も問題の当初から提起されていた。

鳩山首相が「最低でも県外」という公約を掲げながら、間もなく現行案に回帰して政権の座を降りたのは二〇一〇年のことであった。移設の候補地として挙がったのは鹿児島県の徳之島や馬毛島《まげしま》、佐賀空港、グアムなどの名前だった。それらの場所に、普天間飛行場の機能の全部または一部を移設できないかという案が取り沙汰されたのである。しかし、これらの案が実務レベルで精密に検討された形跡は今のところない。

だが、鳩山首相が「学べば学ぶほど困難」として県外移設を諦めた後も、沖縄県では基礎となる情報収集を行っていた。全国八〇か所以上の飛行場について、沖縄本島からの距離や使用可能な滑走路延長などを検討していた。しかし、その作業はあくまでも机上の空論の域を出ることはなかった。

稲嶺知事のあとを受け二〇〇六年に就任した仲井眞知事もまた、「県外移設」を唱えた。二〇一〇年十一月の知事選に際して、その選挙公約において「一日も早い普天間基地の危険性の除去を実現」するために、「日米共同声明の見直し、県外移設を強く求め」ると訴えた。「日米共同声明」、つまり普天間飛行場の辺野古への移設計画の見直しと県外への移設を要求したのである。この県外移設論は多くの県民に支持され、期待が高まっていった。

ここで確認すべき論点が少なくとも三つあると思う。一つは、仲井眞知事の政策の主題が、「一日も早い普天間基地の危険性の除去を実現」する、ということである。二つ目は、その実現を図るために、日米で合意されている辺野古移設計画のほうではなく、県外への移設を「強く求める」としたことである。三つ目は、日米合意そのものを否定して、それに反対するという立場はとっていないことである。沖縄県議会において、辺野古移設反対という明快な立場に立つべきではないか、と野党から何度も追及を受けた知事は、その都度次のように答弁していた。

日米合意＝辺野古移設計画は、海を埋め立てるという難工事であり、強い反対運動にもさらされるので、時間がかかりすぎる。その間、普天間飛行場とその周辺で暮らす市民・県民の安全が脅かされつづける。短期間で確実にその危険性を除去するためには、県外の受け入れ可能な空港などの施設に移設することが現実的であり、費用もかからない。しかし、日米で合意した案は普天間飛行場の危険性の除去を図るための手段の一つであることは確かであり、それを否定するものではない。つまり、両政府間で合意された計画を尊重しつつも、市民や県民の生命・財産を守るために、迅速的かつ合理的な解決策があるのであれば、それを排除することはできないはずだ、と主張したのである。

言うまでもなく、この県外移設論には大きなハードルがあった。果たして日米両政府がその合意を見直して、仲井眞知事が主張するような案に転換するかどうか、というハードルである。仲井眞知事のみならず、県議会や県内市町村長など実に多くの人びとが県外移設をさまざまな機会を捉えて訴えつづけたが、しかし、そのなかの誰一人として日米合意を転換させることはできなかった。

日米合意が継続するなかで、二〇一三年三月、公有水面埋立法に基づく埋め立て申請が仲井眞知事に提出された。この段階に至ると、後は国内法に基づく、審査作業が待つだけである。

しかし、普天間飛行場が内包する危険性をそのまま放置することはできない。二〇一四年二月、仲井眞知事の働きかけで、官房長官を座長とし、関係する大臣や沖縄県知事・宜野湾市長を構成メンバーとする「普天間飛行場負担軽減推進会議」が創設された。また、その下には官房副長官を座長とし、関係省庁の局長クラスと沖縄県副知事・宜野湾市副市長で構成される作業部会が置かれた。特に作業部会は、問題の案件を一つ一つ確認し、普天間飛行場の危険性除去について、各論にわたり政府・県・市の実務者レベルで検討する初の場となった。

そのような作業が加速するなかで、二〇一四年八月、すでに多くの基地負担を抱えているはずの山口県岩国市が、普天間飛行場に配備されている空中給油機（ＫＣ１３０）一五機の全てを同市の海兵隊岩国飛行場に前倒しして受け入れてくれた。危険性除去の、明確な第一歩であった。

海兵隊駐留の是非、行政のジレンマ

ところで、現在の在沖縄海兵隊は、その軍種の持つ作戦能力や想定される戦闘様態から見て、抑止力とはならない、という意見がある。それゆえに、海兵隊は沖縄に駐留する必要はないとの理解である。

しかし、米国が対日安全保障政策を根本的に転換し、沖縄の海兵隊が無用になるという動きは今のところない。むしろ日米両政府は、アジア太平洋地域における中国の擡頭を念頭に置いて、日米同盟をより強化する方向に向かっているのが現実の姿であり、この基本姿勢は

揺るがないと見られている。そのような動きのなかで、日米両政府がＳＡＣＯ合意や米軍再編の方針を根本的に見直す動きは出ていない。

そのような大局的視点の大事さを確認しながらも、われわれの土地で発生する基地関係の事件・事故の問題に行政実務を担当する者は向き合わなければならないのである。即効性を担保できる問題解消策などどこにも存在しない。日米安保体制という大前提の下で、基地から派生する問題を明らかにし、わが国の法制度に従い、必要な際は新たな枠組みの構築を模索しつつ、利害関係者間の調整を行い、一定の時間をかけて改善を図るしかない。

こうしたジレンマは、軍人や軍属が惹起する事件の際に特に顕著となる。圧倒的な規模で駐留する米軍基地を抱える沖縄では、数えきれないほどの軍人・軍属による凶悪な犯罪が発生した。そのたびごとに問題となるのが、日米地位協定の抜本的な改定である。地位協定は不平等であり、軍人・軍属が起こす犯罪の温床になっているのではないか、という批判的な意見が地元メディアで取り上げられる。

県政と日米地位協定

日米地位協定は、米軍が日本に駐留するにあたり、「米軍による我が国における施設・区域の使用と我が国における米軍の地位について規定した」条約なのだが、二八条からなるこの協定のどの部分を、どのように改めればよいのか、という議論はあまり知られていない。

沖縄において地位協定の問題がクローズアップされたのは、一九九五年の米兵による少女暴行事件がきっかけだった。事件の被疑者は米軍人であり、公務外だったのだが、沖縄県警に逮捕された後もその身柄は米側が確保しつづけた。その根拠となったのが、地位協定第一七条5（c）である。

「日本国が裁判権を行使すべき合衆国軍隊の構成員又は軍属たる被疑者の拘禁は、その者の身柄が合衆国の手中にあるときは、日本国により公訴が提起されるまでの間、合衆国が引き続き行なうものとする」という規定により、沖縄県警は被疑者を拘束できず、取り調べに関しては、米側が「好意的に」所轄警察署へ護送したうえで行われなければならなかった。県民のあいだからは、これほどの凶悪事件を引き起こしたにもかかわらず、被疑者が米軍の保護下にあり、通常の犯罪者と同様に扱われないことに大きな抗議の声が上がった。当然のことながら、同年の県民大会において、地位協定の早急な見直しが決議された。

県民の声を受けて、沖縄県が地位協定の抜本的見直しの要求をまとめ、日米両政府に提出したのは一九九五年のことである。二〇〇〇年には項目をさらに追加し、県議会の決議も受けたうえで、一一項目からなる要請を行っている。

要請内容の作成にあたっては、県庁のなかで法令関係に詳しい職員がリーダーとなり、弁護士等の意見も聴きながらまとめられた。法治国家としての日本でありながら、現実には不平等な状態に置かれている沖縄の県民を、法の支配の下に位置づけるべきだという考え方が反映されていた。

日本政府の地位協定に対する基本的なスタンスは、協定そのものを改定するのではなく、あくまでもその運用の改善を図ることである。協定の本文を変えることなく、日米間で協議した解釈やその対象範囲を運用の面で見直す、という姿勢だった。

暴行事件容疑者の日本側への引き渡しが進まなかったことに対する県民の厳しい反撥を受けて、事件の翌年の一九九六年に日米両政府は協定一七条についての見直しを行い、「凶悪犯罪の場合、米側は起訴前の身柄引き渡しについて好意的考慮を払う」、という運用の改善が行われた。それ以来、地位協定上の問題が生じた場合には運用を改善するという先例が定着し、本文そのものの見直しは先送りとなり、現在に至っている。公務外の事件について起訴前の身柄引き渡しの道が開けたが、引き渡すかどうかの裁量は米側に委ねられたままである。

その後も、米国の軍人・軍属が起こす事件・事故が発生するたびに地位協定の問題が浮上し、そのたびごとに「運用の改善」が図られてきた。しかし、沖縄県は、運用改善だけでは不十分だと主張しつづけており、地位協定本文そのものを、「被疑者の起訴前の拘禁をすみやかに行う」旨に改定するよう強く要望しつづけている。

ドイツは、冷戦後の東西ドイツの統合を受けて、それ以前の米国と北大西洋条約機構（NATO）各国が包括的に締結していたNATO地位協定を補足する趣旨で米国と交渉し、「ボン補足協定」を実現させた。地位協定を改善し改良する方式として補足協定という方法はありうる、との認識は従来からの県のスタンスだった。

二〇一五年に締結された日米地位協定を補足する「環境特別協定」は、それまで顧みられることがなかった環境に関する処置を定めたこと、そして補足協定の形でその必要性を実現したことに意義がある。その実現に際しては、沖縄県だけではなく、米軍基地を抱える全国一五都道府県の知事が組織する団体（渉外関係主要都道府県知事連絡協議会〔渉外知事会〕）との連携と、粘り強い交渉があったことが重要である。米軍基地問題は沖縄県に集中的に現れているが、わが国のなかにあって、安全保障体制と国内の地域負担の関係をどう考えるべきか、その重大な課題が沖縄からのみではなく、当事者である各地域からも提起されているのである。

以上のように、現行の日米地位協定は問題を含んでおり、その見直しは今後も強く要望する必要がある。

しかし、留意すべきは、地位協定については日米安全保障条約に対する姿勢によってその評価が全く異なるという点である。地位協定は外国の軍隊が当該国に駐留するという状態を調整する国家間の取り決めである。第二次世界大戦前の中国の上海《シャンハイ》租界の例のように、その国家が他国の軍隊の駐留を許したときに、列強がそのことを利用して事実上の治外法権化を行った歴史を踏まえ、戦後の国際社会のスタンダードとして整備された条約体系とされている。

米軍の駐留を認めつつその改善を図るのか、それとも安保そのものを認めないのかでは、日米安保条約の付属条約である地位協定についての見解が大きく分かれることになる。安保体制そのものを廃棄すべきだと考える立場なら、地位協定の改定は具体的な議論の対象にすらならないだろう。米軍の駐留を一定の範囲において了解する立場に立つと、地位協定のあり方は当然問題となる。

そのような政治構造のなかで、行政マンたちは仕事をしなければならないのである。

2　辺野古公有水面埋め立て申請をめぐる行政の現場

公有水面埋め立てに関する法的手続き

第2節では、「普天間飛行場代替施設建設事業に係る公有水面埋立承認申請書」（以下、「埋立申請書」）に関して、その取り扱いや承認に至るまでの過程を詳しく紹介しておきたい。基地を抱える沖縄県の行政現場の実情を知っていただくためである。

一般的に言うならば、公有水面（河・海・湖・沼その他の公共の用に供する水流・水面で、国が所有するもの）を埋め立てる場合には、公有水面埋立法（以下、「埋立法」）に基づいて申請手続きを行い、免許または承認を必要とする。この「埋立法」は、公有水面を排他的に埋め立て、土地を造成するために必要な条件等を定めた法律で、手続法として解釈されている。「埋立法」は一九二一年（大正十）に制定された古い法律であり、カタカナ交じりの条文はまるで古文書のようであり、難解な一面もある。「埋立法」に基づく免許・承認は、地方自治法のうえでは第一号法定受託事務と位置づけられ、「国が本来果たすべき役割に係る」事務である（地方自治法第二条九項）。国においてその適正な処理を特に確保する必要があるために、法律において都道府県知事などに事務処理が義務づけられている。

その一方で、法定受託事務であることから、都道府県知事に対して、助言・勧告、是正の指示のみならず、国による代執行が可能な仕組みとなっており、国の強い関与が認められている。国が行う埋め立てについては「承認」、国以外が行う埋め立てでは「免許」という表現を使用している。「承認」の場合は、「免許」の場合とは異なり適用条文が限定されている。また、「免許」の場合は、付帯条件に違反したときなどに免許の取り消しを行うことができるとする条文（埋立法第三二条）が整備されているが、「承認」の場合には取り消しを行うことができる規定は適用されない。

法制局の見解では、都道府県知事の埋め立て承認については、「当該官庁（国）のなす埋立工事が公有水面の管理上なんらかの支障を生ずるものであるか否かを都道府県知事の判断にまかせようということにあるのであって、右の都道府県知事の承認の性質を埋立の免許のそれと同様に解し、承認によって「埋立ヲ為ス権利」が設定されるものと解してはならないであろう」、と説明している。ようするに、国側の権能が卓越しているということなのである。

国などの事業者が公有水面埋め立ての申請をするにあたっては、一定の規模以上を対象として、事前に環境影響評価法や条例の手続き（いわゆる環境アセスメント）を行わなければならないことになっている。

環境影響評価法では、環境に関する調査、予測、評価を行ったうえで、環境保全措置を取るべきことが規定されている。ここでいう環境保全措置とは、公有水面の埋立てに関する指針等を定める省令第二九条において、「事業者により実行可能な範囲内で選定項目に係る環境影響をできる限り回避し、又は低減すること、必要に応じ損なわれる環境の有する価値を代償すること及び当該環境影響に係る環境要素に関して国又は関係する地方公共団体が実施する環境の保全に関する施策によって示されている基準又は目標の達成に努めることを目的」として行う、環境の保全のための措置である、と定義されている。

埋め立てや開発行為などでは、環境に対して大きな負荷を与える事業が多い。直截《ちょくせつ》に言えば、環境を破壊する行為であり、環境に影響を与えずに元の状態のまま保全することは不可能と言っても過言ではない。そこで、環境影響評価法では、現実的な事業の有りようを見据えて、日々進歩している環境保全技術の状況を踏まえ、その時点において実行可能な技術、手法等によりできうる範囲内で事業者に最大限の努力を義務づけている、と理解できる。

環境影響評価書の提出をめぐる混乱

環境影響評価の手続きについては、現在においては配慮書→方法書→準備書→評価書→補正評価書の順番で実施されるが、それ以前は配慮書に関する法改正が施行されていなかったために、辺野古の埋め立て申請にあたっては方法書の作成からスタートしていた。そして二〇〇七年に方法書が、〇九年に準備書が、そして一一年に評価書がそれぞれ沖縄防衛局から沖縄県に提出された。

評価書の提出に際しては、沖縄基地問題の象徴ともいうべき辺野古問題が急浮上したのである。沖縄県庁には辺野古埋め立て反対派の市民や県外からの活動家などが集結していた。その人びとは廊下や県民ホールなどにたむろし、評価書の提出を阻止しようとしていた。提出期日が迫っていることが事前に報道されていたことから、特に郵便物や宅配業者の貨物車などに対しては、県庁の入り口付近で強制的に停止させ、配達物を確認するなどの行動をとった。

このような異常とも言える妨害行為を避けるために、沖縄防衛局は二〇一一年十二月二十八日の早朝、午前四時すぎに段ボール箱一六個を県庁守衛室に搬入した。県庁職員が出勤する以前に守衛室の周りに反対派が押し掛け、評価書審査を担当する土木建築部や農林水産部の職員が評価書を受領することを実力で阻止した。

県庁の規程では、勤務時間外においては守衛が郵便物などをいったん預かり、勤務時間に担当課へ引き渡すことになっていたが、混乱を避けるために年内の引き取りを断念せざるをえなかった。

行政手続法第六条では、「行政庁は、申請がその事務所に到達したときは遅滞なく当該申請の審査を開始しなければなら」ない、と規定されている。すでに県庁に評価書が到達していることから、受理しないという選択肢はなく、書類に不備があれば、補正を求めることになっていた。評価書が提出された十二月二十八日の夕方以降、県庁の知事室周辺の各廊下には反対派の人びとが座り込みを行い、知事の退庁を妨害した。最終的には、知事と反対派の代表者が話し合い、妨害行動は解除されたが、一触即発の緊迫した事態であった。

翌年の一月四日、知事公室の統括監が一〇〇人以上の反対派の人びとに対して次のように説明した。法律上受理しなければならないこと、環境省の見解も同様であること、九〇日以内に知事意見を出さねばならないこと、審査期間が短くなれば十分な審査を行えなくなること、などを説明し、七〇〇〇ページに及ぶ評価書を引き取ることができたのである。

評価書は、「埋立法」を所管する土木建築部と農林水産部（漁港部分に限る）が担当し、環境上の意見は環境生活部に求めることになっていた。そして、環境影響評価審査会に諮《はか》ったうえで取りまとめられた環境生活部意見を受け、二〇一二年三月、知事意見を沖縄防衛局へ提出した。

環境影響評価書に対する知事意見は非常に厳しいものであった。「評価書で示された措置では、環境保全は不可能」と結論づけた。この厳しい知事意見に対して防衛省はただちに反応し、環境に関する専門家や研究者など十数人で構成される有識者研究会を発足させ、二〇一二年四月から十二月にかけて新たな環境保全措置などを追加するための評価書の補正を行った。補正された評価書は同年十二月に県知事へ送付されるとともに、公告・縦覧がなされ、埋め立て申請前の環境影響評価法および沖縄県環境影響評価条例に基づく一連の手続きは完了した。

「埋立申請書」の受理と審査体制

環境影響評価の手続きが完了したことにより、「公有水面埋立承認申請書」が提出されるのは時間の問題であった。県の事務決裁規程では、一万平方メートル以上の埋め立てを免許する場合には知事による決裁が必要であるが、国の埋め立て承認については、規模にかかわらず土木建築部の統括監決裁となっていた。

民間の埋め立て免許では、対象水域を排他的に埋め立てて土地を造成し、竣工認可により その所有権を取得させるという大きな権利の付与行為であるほか、営利を目的とするものも多く、事業実施にあたっても不確定要素が多い。対して国の埋め立て承認は、埋め立て工事による公有水面の管理上何らかの支障が生じるものであるか否かを判断する行為であるほか、少なくとも国会審議を経て成立した予算による公共事業であり、目的も明確であり、事業実施も問題ないことから、統括監による技術的、事務的な審査で十分と考えていたと思われる。

しかし、普天間飛行場代替施設については、国家安全保障や外交の問題を含んでおり、「申請書」が提出される前から反対運動が盛んに行われていたことなどを考慮して、決裁規程第四条の「事案の内容が特に重要であり、上司の指示を受ける必要があると認められるとき」に該当するものとして、知事決裁に格上げすることが県庁内であらかじめ決められていた。

県の審査体制も強化する必要があった。那覇空港滑走路増設事業も、環境影響評価手続きの最終段階に入っていた。二〇一三年度内には埋め立て申請を行い、その年度内に承認を得なければ、第二滑走路の供用開始が予定に間に合わなくなる恐れがあり、辺野古埋め立て申請と並行して審査を進めることが想定された。両事業ともにきわめて重要な埋め立て事案であり、知事決裁に格上げするだけでなく、審査担当職員を増員して、「申請書」提出後にすみやかに、慎重かつ丁寧に審査する必要があったため、常時三～四人の増員が可能となるよう事前調整を済ませていた。また、実際の審査が始まった場合には別室を準備し、埋め立て審査に専念できるようにした。

二〇一三年三月二十二日、午後三時四十分頃、沖縄防衛局から土木建築部海岸防災課に電話が入り、これから「埋立申請書」を提出する旨の連絡があった。その約一〇分後に、名護市に所在する北部土木事務所の庶務班に、段ボール箱五個が持ち込まれ、「申請書」がついに到達した。

「申請書」の提出について、土木建築部長が仲井眞知事に報告したところ、「申請書が整っているのであれば、法に則って正式に受理し、自然体で淡々と慎重かつ丁寧に審査を進めるように」、との指示がなされた。その後、「申請書」の補正を行い、「申請書」が事務所に到達した三月二十二日付けで正式に受理した。

「埋立承認申請書」の概要

約八〇〇〇ページにも及ぶ「普天間飛行場代替施設建設事業に係る公有水面埋立承認申請書」の内容を見ると、埋め立て面積は約一六〇ヘクタールとなっており、奇《く》しくも那覇空港滑走路増設事業の埋め立て面積とほぼ同じである。埋め立てに要する土砂は滑走路増設事業の二倍の約二〇〇〇万立方メートルであることから、埋め立て場所の水深がかなり深いことを示している。V字型滑走路が二本あり、離発着に際して住宅地上空を避けて運航できるよ

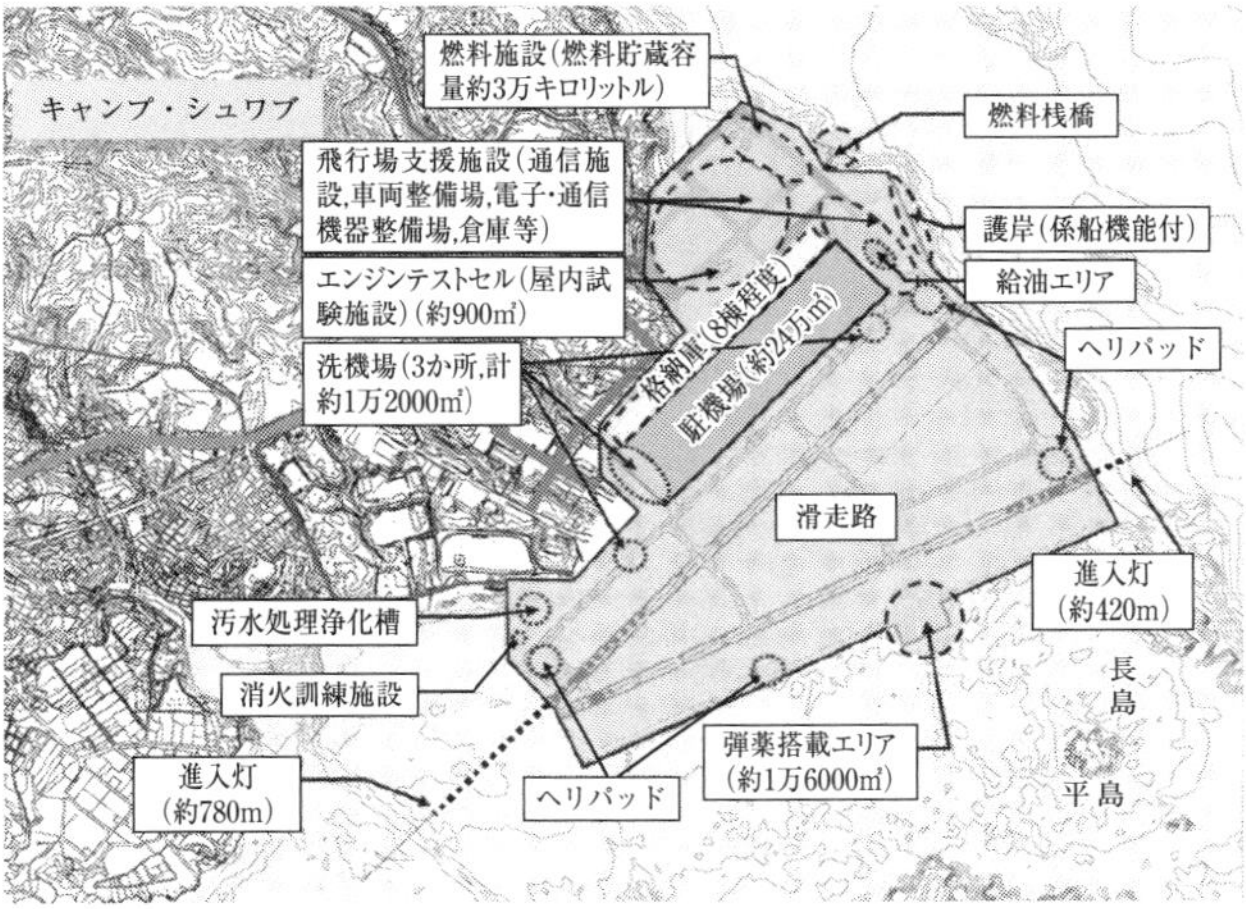

辺野古の普天間飛行場代替施設の配置計画
出典：沖縄防衛局「普天間飛行場代替施設建設事業に係る環境影響評価書」（補正後，2012年12月）第２章の図2.2.5.4

うに工夫されていた。しかし、代替施設には普天間飛行場にない機能も付加されていた。

まず、弾薬搭載エリアが設けられているほか、係船機能付き護岸の整備も計画されている。この護岸整備を指して、軍港の建設だと指摘する意見もある。普天間飛行場は内陸部にあるため、もちろん護岸の整備はできない。しかし、護岸のみを整備しただけでは軍港とは呼べない。港を整備するのであれば、岸壁のほかに突堤《とってい》や防波堤などを整備し、一年を通して安定的に接岸、停泊できるようにしなければならない。冬場の波の高い季節などには接岸は無理であり、故障したヘリを輸送するなどの緊急的な機能だと想定された。

普天間飛行場の面積は四八〇ヘクタールであり、二八〇〇メートルの滑走路を有していることから、ジェット戦闘機などの運航も可能である。辺野古の埋め立て計画では一六〇ヘクタールの埋め立て部分と陸上部を合わせて二〇〇ヘクタール余の面積となる。日米合意のなかで、「米国政府はこの施設から戦闘機を運用する計画を有していない」、とされていることから、騒音被害の著しい戦闘機の運用がないことを考慮すれば、普天間飛行場にはない弾薬搭載エリアや護岸が整備されたとしても、ただちに基地機能が強化されたとまでは言えないものと思料された。

辺野古埋め立て申請の審査経過

「埋立申請書」を正式に受理したことから、本格的な審査が進められることになった。審査を進めるうえでの注意事項として、土木建築部長から特に以下の事項が担当職員に指示された。①知事から、自然体で淡々と、慎重かつ丁寧に審査をするように指示されていること。②審査にあたっては、法律に則り忠実に実施すること。③県民の関心の高い埋め立て申請であることから、節目節目でマスコミに対して記者発表や会見を行い、審査の途中経過について県民への周知を図ること。④行政手続法に則って県が定めた標準処理期間内（六・五～

八・五か月）で審査結果を出すように、計画的に審査を進めること。

まず、「埋立法」で規定された告示・縦覧を行った。通常は市役所や県の本庁とその出先機関だけで行っていたものを、名護市からの申し出などにより市の四か所の支所でも実施した。さらに、全国的に関心度の高い案件であることから、わざわざ沖縄に来なくても「申請書」が閲覧でき、また必要な部分についてはコピーもできるように、全国に先駆けて「申請書」を県のホームページに掲載することとした。

次に利害関係者の意見の受付では、これまでの埋め立て申請をはるかに超える多数の意見が提出された。重複を除く意見書件数三三七一件のうち、県外在住者からの意見が二〇〇件を超え、全国的に高い関心があることを示したが、名護市在住者からの意見は一八八件に止まった。県外在住者が果たして利害関係者と言えるのかという疑問も残ったが、「埋立法」では利害関係者の定義はなされておらず、これまでの県の運用でも限定的な取り扱いはしていなかった。利害関係者であるか否かを厳密に判断するのではなく、提出された意見を広く受け付け、その内容を精査することにした。

埋め立てに否定的な意見の総数は三三四三件（全体の約九九パーセント）あったが、埋め立てに関してはこれまでも圧倒的に否定的な意見が多く、那覇空港滑走路増設事業でも九割以上の否定的意見があったことを考えるならば、これまでとほぼ同様な傾向であったと言える。

その内容を精査したところ、公益上または条件を付すべき利害関係者の意見は特になく、特段の影響はなかった。

一般の意見書とは別に、地元の市町村長・関係行政機関の意見を聞く必要があるため、名護市長や第一一管区海上保安本部中城海上保安部長、県環境生活部長、農林水産部水産課長に対して意見照会を行った。海上保安部長からは特に意見はなく、水産課長からは留意すべき事項について意見が出された。そして、名護市長および環境生活部長からはさまざまな意見が提出された。このことについては後述する。

「埋立法」において権利者の同意が必要とされているのは、埋め立て区域および埋め立て工事施工区域内の公有水面に関する権利を有する者であり、これに該当するのは、名護漁業協同組合だけであり、申請前に同組合の同意は得られていた。

審査の開始と前提事項

二〇一三年八月十三日、キャンプ・シュワブの埋め立て予定地などの現地確認を行った。現地確認は法定事項ではないが、埋め立て承認審査の際には、運用として通常行っているものである。その際にも、可能な限り情報公開を行うとの方針により、審査に携わる県職員だけではなく、マスコミの取材も許可した。キャンプ・シュワブの基地内立ち入りは、一九九六年に合意された「合衆国の施設及び区域への立入許可手続」に従い、沖縄防衛局の協力を得て行った。立ち入りの当日は、天気には恵まれたものの三〇度を超える猛暑であった。冒頭、沖縄防衛局から埋め立て計画の概要説明を聞いた後、埋め立て土砂の採取地、美謝川《みじゃ》の水路切り替え、埋め立て範囲の確認などを行った。

その後、沖縄防衛局に対する質問を二〇一三年十月四日から同年十二月十二日までのあいだに合計で四回行った。この質問は、「申請書」の内容を詳細に把握する必要があることから、事業者の見解を求めたものであり、慎重かつ丁寧に審査をするという方針を堅持したからである。

ところで、埋め立て申請の審査は、主に「埋立法」第四条第一項第一号から第六号までのいわゆる承認基準への適合状況や、旧建設省（現・国土交通省）から出されているハンドブックなどの解説書、さらには、これまで長きにわたる県での運用実績などを勘案して行った。具体的には、行政手続法に基づいて県が定めた審査事項の審査という形で実施した。「埋立法」第四条第一項各号の承認基準は、「各号ニ適合スト認ムル場合ヲ除クノ外埋立ノ免許ヲ為スコトヲ得ズ」と規定しており、不適合の場合には自動的に免許ができないことになっている。この条文は、国に対して行う承認の場合にも準用されている。

事実認識に係る大事な問題なので、以下に、県における埋め立て審査の状況について審査事項の順番に従って説明しておきたい。

まず、最初に埋め立ての必要性を審査事項として掲げているが、これは「埋立法」に明記されている承認基準ではない。県の裁量で、承認基準とは別に付加された審査事項である。「埋立申請書」は埋め立ての必要性について、普天間飛行場が市街地のほぼ真ん中に位置し、住民生活に深刻な影響を与えており、危険性の除去が喫緊の課題となっていることから、今回の埋め立てが必要となった、と説明している。また、滑走路延長線上を海域とし、住宅地上空の飛行を回避するためには、既存のキャンプ・シュワブの一部を利用しつつ沿岸域を埋め立て、代替施設を建設することが、環境問題や危険性の回避を図ることにつながることなどから、埋め立てに合理性がある、と結論づけられていた。

那覇空港滑走路増設の埋め立てについても、騒音や危険性などの観点から沖合を埋め立てて第二滑走路を整備するとしており、飛行場を海域へ移設または増設することは通常よく行われていることである。普天間飛行場の周辺には約一〇万人の人びとが生活し、騒音や危険性にさらされている。人口の少ない地域への移設は、ある意味で土地利用としては自然の成り行きであるとも言える。さらに、普天間飛行場の移設先を辺野古沿岸域にすることは閣議決定されており、日米両政府間でも合意されていた。

承認基準への適合状況

「埋立法」第四条第一項第一号には、「国土利用上適正且《かつ》合理的ナルコト」と規定されている。このことについてハンドブックでは、「この基準は、およそ埋立の可否の判断基準の基本である。よくいわれるのは、日本三景等の古来からの景勝地における埋立、環境保全上重要な地域等における埋立、良好な住宅地の前面の工業地造成目的の埋立等である。こうした一般的な基準からしても認め難いものは、本号により、免許拒否がなされる」、と述べている。

つまり、埋め立てが周辺の土地利用や地域環境にとってミスマッチなものであれば、免許（承認）の拒否もありうることを示唆している。具体的な審査事項では、生活環境等の保全の観点から見て重大な意味を持つ干潟《ひがた》や浅海、海浜等が失われないかどうか、古来からの景勝地か、土地利用の現況から見て不釣り合いな土地利用にならないか、都市計画法の内容と調和しているか、埋め立ての規模などは合理的か、大気や水、生物等の環境への影響の程度が周辺区域の環境基準に照らして許容できる範囲に止まっているか、水産資源保護法や自然公園法等、種々の個別具体的な法的規制はかかっていないか、といった事項を慎重に審査した。審査の結果は、いずれも適合しているものと判断した。

また、「埋立法」第四条第一項第二号には、「其ノ埋立ガ環境保全及災害防止ニ付十分配慮セラレタルモノナルコト」と規定されている。このことについてハンドブックは、「環境問題としては、水面の陸地化に伴う自然破壊があり、また、埋立工事による海洋汚染による水質汚濁および水産資源への影響、騒音、振動、交通公害等がある。災害問題としては、護岸等の破壊等による埋立地そのものの安全性と埋立に伴い他に与える災害の二面の外、船舶航行の安全性の問題が有る」、と解説している。

環境問題については、埋め立て行為は海などの陸地化に伴う自然破壊があり、周辺の環境にも多大な負荷を生ずる。このことから、埋め立てにあたっては、環境影響評価法などの手続きを踏むことが義務づけられており、調査や予測、評価、環境保全措置を講じることになっている。環境影響評価の最終手続きである補正評価書が「埋立承認申請書」には添付されており、特に法的な定めはないが、土木建築部と農林水産部だけで審査を行うのではなく、環境生活部の意見を聞いて審査の参考とすることにした。そして、二〇一三年八月一日に環境生活部長あてに意見照会を行ったのである。

環境生活部長の意見

環境生活部は、環境影響評価審査会委員などの意見も踏まえたうえで意見を取りまとめ、二〇一三年十一月二十九日に、土木建築部長および農林水産部長あてに回答した。その回答の概要は以下のとおりであった。

「普天間飛行場代替施設建設事業は、環境保全指針において「自然環境の厳正な保護を図る区域として」のランクⅠと評価され、絶滅が危惧されるジュゴンが生息する沿岸海域で大規模な埋め立てを行い、生活環境が良好で静穏な地域に米軍飛行場を移設するものであることから、環境影響がきわめて大きいと考えられ、可能な限り、環境影響の回避・低減を図り環境保全に万全を期す必要がある。当該事業に環境影響評価書に対して述べた知事等の意見への対応状況を確認すると、以下のことなどから当該事業の「承認申請書」に示された環境保全措置等では不明な点があり、事業実施区域周辺域の生活環境及び自然環境の保全についての懸念が払拭できない」、との内容であった。

そこで十二月四日、沖縄防衛局あてに県環境生活部長意見についての見解を求めたところ、同月十日に沖縄防衛局から回答があった。その回答ではかなり詳細に個別具体的な説明がなされていたが、何項目かについてはさらに詳細に確認する必要があったので、同月十二日に再度照会文書を送付した。

県が定めた環境保全指針は、県土の良好な自然環境の保護と節度ある利用について、県民や事業者、行政機関がそれぞれの立場で自ら配慮するための指標となるものであるが、法的な規制ではない。最も厳しいランクⅠの場合であっても、ただちに「埋立法」第四条第一項第二号に不適合と判断されるわけではない。

沖縄県においては、これまで二五〇〇ヘクタールを超える公有水面埋め立てを「免許」または「承認」してきた。例えば久米島《くめじま》の道路事業や、与那国《よなぐに》空港の拡張、南城《なんじょう》市の埠頭用地整備などにおいて、ランクIの沿岸域についても埋め立て免許・承認を与えてきた。最も新しい事例としては、那覇空港滑走路増設事業に係る埋め立てにおいても、ランクIの海域が含まれている。沖縄県の沿岸域の約半分がランクIであるので、大規模な埋め立てにおいてはやむをえずその区域に入ってしまうケースがある。しかしながら、「自然環境の厳正な保護を図る区域」であることを尊重し、埋め立ての際に適切な環境保全措置を講じる必要があることは言うまでもない。

環境影響評価における調査や予測、評価そして環境保全措置については、それぞれの段階で不確実性を有している。埋め立て行為はある意味、自然を破壊するものであり、周辺の環境にも多大な負荷を与える。保護の対象となる生物などへの影響を完全に抑えることは、現在までに得られている知見では困難なものもあるなかで、事業者においてできうる限りの環境保全措置を講じることが求められており、十分に配慮することが必要なのである。

ところで、埋め立ての実施にあたっては、環境影響評価手続きのなかでは発見されなかった貴重種や絶滅危惧種などが発見されるケースもある。そのことを想定して、県においては免許や承認にあたって条件や留意事項を付している。特に中城湾港泡瀬地区開発事業や那覇空港滑走路増設事業などの大規模な埋め立てについては、留意事項等のなかで、環境関係の専門家や研究者などで構成される環境監視等委員会の設置を義務づけている。

普天間飛行場代替施設建設事業においては、「申請書」の段階ですでに専門家等からなる委員会を設置し、環境監視を行うとともに助言を求めることが明記されていた。承認するのであれば、より一層の確実性を高める担保として、留意事項のなかに環境監視等委員会の設置を義務づけることとしていた。

名護市長の意見

「埋立法」第三条第一項では、「期限ヲ定メテ地元市町村長ノ意見ヲ徴スベシ」と規定されている。ハンドブックでは、「どういう形式・内容でもよいはずだが、結局は賛否を表明することとなる。これは、文字通り意見にすぎず、免許権者を直ちに拘束するものではないが、関係市町村長ではなく、地元市町村長と限定した以上、その合意なくして出願についてそのまま免許することには問題が生じるであろうことも事実である」、と解説されている。関係市町村長の意見は重要な意味を持つが、かといって免許権者を拘束するものではない。しかしながら、合意がなければ、事業実施などについては何かと問題が生ずる可能性があるという趣旨であるから、地元名護市長と事業者において十分に協議を重ね、合意点を模索する努力が求められている。

二〇一三年十一月二十七日、名護市長からの意見が提出された。その内容は以下のとおりであった。一九九六年の橋本・モンデール会談により普天間飛行場の返還が合意された後、さまざまな経緯があり、市民が建設反対・容認で二分されつづけてきたこと。二〇一〇年一月に現市長が、「辺野古の海にも陸にも新たな基地は作らせない」という公約を掲げて市長に当選したこと。国土のわずか〇・六パーセントに相当する沖縄県に、七三・八パーセントの在日米軍専用施設が集中し、県土発展の妨げになっていること。その沖縄に新たな基地を建設するということは、戦後一貫して続く負担のさらなる押し付けであり、それは本来日本国民全てが等しく担うべきもので、到底受け入れられるものではないこと。そして、普天間飛行場代替施設建設事業に係る公有水面埋め立てについては、事業実施区域周辺域の生活環境および自然環境の保全を図ることは不可能であると考え、本事業の実施については強く反対する、というものであった。さらに、「埋立法」の要件を満たしていない、と主張した。

また、市民の移設に反対する声と賛成する声も紹介している。この名護市長意見についてもただちに沖縄防衛局に送付し、見解を求めるとともに、県から名護市長に対しても不明確な点についての内容確認を行った。十二月十日、沖縄防衛局から名護市長意見に対する詳細な見解が提出されたが、この回答に対しても、県はさらに沖縄防衛局に対し、見解に対する確認を行ったのである。

行政の理解から言えば、すでに米軍基地として提供されている辺野古崎に約一六〇ヘクタールの埋め立てを行う計画は、新たな基地を造るわけではない。約四八〇ヘクタールの普天間飛行場の代替施設として、約二八〇〇メートルの滑走路の代わりに、既存のキャンプ・シュワブ内にV字型一八〇〇メートルの滑走路（オーバーランを含む）と、その他の施設を整備する計画と受け止めた。県全体として考えれば、市街地の真ん中にある広大な普天間飛行場が移設・返還され、米軍基地の負担軽減につながるほか、その跡地利用によって将来の大きな発展が見込める。

しかし、名護市の側から考えると、キャンプ・シュワブの基地機能が強化されることになる。移設先の地元辺野古の住民のなかには、埋め立てを容認する人びと、それに反対する人びとがおり、さまざまな意見があった。名護市全体としては、県内移設反対および基地強化反対という立場から、埋め立て計画そのものに反対する市民が多かった。そのような状況を念頭に置きながらも、行政としては法律に則して、慎重かつ丁寧に、審査を進めることが必要であった。

環境保全上の特筆事項

生活環境や自然環境に対する環境保全対策についての審査を進めるうえで、埋め立て計画のなかにはこれまでの埋め立てにはない項目が二件含まれていた。一つは絶滅危惧種に指定されているジュゴンへの対策であり、二つ目は県外からの土砂の搬入の問題である。埋め立ての対象区域を含む大浦湾一帯では、ジュゴンの食み跡などから三頭の個体の生息が確認されていた。「埋立申請書」では膨大な量の調査や予測、評価を行った結果としてのジュゴンの保護対策が記載されていたが、その一部を紹介してみよう。

①ジュゴンについては、その予測・評価に不確実性を伴うとの観点から、生息状況を事後調査し、その結果を踏まえ、専門家等の指導・助言を得ながら、必要な環境保全措置を講じる。

工事中の対策としては、以下の事項を挙げていた。

②作業船が沿岸を航行する場合、岸から一〇キロメートル以上離れて航行するとともに、大浦湾の湾口から施行区域に侵入する場合は、一定速度で沖合から直線的に侵入する。

③くい打ち工事については、同時に打設する施工箇所を減じる。
④専門家等の指導・助言を得ながら、ジュゴン監視・警戒システムを構築する。
また、供用後の対策としては以下のことが記されていた。
⑤施設の存在により海草藻場が減少することから、海草類の移植や生育基盤の改善により藻場の拡大を図る。
⑥生育状況および藻場の利用状況に関する事後調査を行い、その結果を踏まえて必要な措置を講じる。
⑦海面への光の照射による影響を避けるため、マニュアルを作成して米軍に周知する。
⑧航行する船舶に対して見張りの配置、ジュゴンとの衝突を回避できる速度での運航を励行・周知する。

ジュゴンの生態は不明な点もあることから、現在までの知見などに基づいたうえで一定の対策を講じながらも、環境の専門家等の意見を聞いて、現場に即した保護対策を講じるとしており、できうる限りの対策が取られていると考えられた。法的には適合しているものとして判断すべきだ、と思料された。

県外からの土砂の搬入については、筆者が調べた範囲では、これまでの埋め立て申請で県外からの搬入は一件もなかった。したがって、これまでの埋め立てでは全て県内の土砂を使用していたものと考えられる。

今回の埋め立て申請では、名護の山土や県内の海砂のほかに、九州や四国などから岩ズリ（破砕された岩石を含む土砂）を購入する計画となっていた。となると、県外土砂の搬入に際しては、県内には生息しない特定外来生物に対する環境保全対策に万全を期す必要が出てくる。当然のことながら、審査においてはその点も慎重に検討する必要があった。

その後、那覇空港滑走路増設工事では、埋め立ての際にも、県外から石材を搬入して護岸の整備を行っており、相応の環境保全措置が取られている。また、県においても、「公有水面埋立事業における埋立用材に係る外来生物の侵入防止に関する条例」が制定されている。県外からの土砂に付着して県内に侵入する可能性のある特定外来生物などの侵入を防止する目的で、事業者に対して届け出を義務づけるなどの対策を取っているのである。

「埋立申請書」に記載された環境保全措置の内容は以下のとおりであった。
①土砂調達にあたって、当該土砂が、土壌汚染に係る環境基準に適合していることを発注

仕様書に記載し、有害物質を含まない土砂であることを確認。

②埋め立て土砂の調達に関する供給業者等との契約手続きにおいて生態系に対する影響を及ぼさない措置を講じる旨を規定。

③事業者は、供給業者等から提出された調査結果を専門家の指導・助言を得て確認。更なる調査が必要と判断される場合には、再度、供給業者等に確認を依頼したり、必要に応じて事業者が主体となった調査を実施。

④駆除等の対策の実施内容については、供給業者から書面で事業者に報告させ、確認する方法を考えているが、対象となった生物種に応じ、専門家の指導・助言を得て、確認方法の具体的内容、頻度を決定。

有害物質や外来生物に関する対策は専門性の高い分野であることから、常に専門家の指導・助言を得ながら実施することになっている。これは中城湾港泡瀬地区開発事業や那覇空港滑走路増設事業などにおいても同様であり、事業実施にあたっては環境監視等委員会の役割が重要となる。

これらのことを総合して評価すれば、できうる限りの環境保全措置が取られているものと考え、法的には適合しているものとされた。

審査結果等の報告

「埋立法」への適合状況は、具体的には、行政手続法に則って県が定めた審査事項に関する審査票を作成することによって明らかとなる。普天間飛行場代替施設建設事業の埋め立て申請は、直接的に国防や外交の問題も内在しており、地方自治法第一条の二第二項においても、「国においては国際社会における国家としての存立にかかわる事務（中略）を重点的に担い」と規定されていることから、地方自治体において、どの程度まで審査の権限が及ぶのか、不透明な部分もあった。しかし、これまで培ってきた「埋立法」に基づく許認可行政の実績に基づき、法的合理性を審査することにしたのである。

さらに、県民や国民にとって関心の高い案件であり、審査にあたっては、これまでの埋め立て申請をはるかに上回る慎重さと丁寧さが必要であった。そのことを象徴するように、審査を担当する海岸防災課や漁港漁場課、統括監室、部長室の前には多くのマスコミ関係者が待機していた。一担当者であっても、その発言が翌日の新聞に掲載されたり、テレビで報道されるなど、担当する職員は極度の緊張感の下で審査を進めていった。

マスコミを含めて、県民に対しては可能な限り情報公開をすることを基本としていたことから、担当職員も十分に理解し、その状況を納得しながら審査を進めていた。知事や副知事に対しては、四回にわたる沖縄防衛局への質問とその回答、名護市長および環境生活部長意見に対する沖縄防衛局の見解などが示されたときには、適宜、審査の進捗状況や今後の展開について報告していた。その都度、自然体で、淡々と、慎重かつ丁寧に審査するよう繰り返し指示を受けていた。

「埋立法」第四条第一項各号への適合状況などについての中間報告を、二〇一三年十一月十二日に知事と副知事に説明した。審査がまだ完全に終了していなかった埋め立ての必要性や環境保全、災害対策を除いて、「埋立法」第四条第一項第三号以下の規定には適合しているものと考えていることが説明された。

さらに、弁護士の側からの見解として、公有水面の埋め立ての許認可は法定受託事務であり、基地は要らないとする主張に基づいて埋め立ても要らない、とすることは、裁量の範囲外となる可能性が大きいとの助言も三役に説明した。政治的な判断により埋め立ては要らないとすることも判断の一つではあるが、そうした場合に、訴訟では敗訴する可能性が大きい、という法律家としての助言も説明した。そして、行政手続法に基づいて、県が定めた標準処理期間は六・五〜八・五か月であり、申請が三月二十二日付けなので、年内には結論を出すことが望ましいことなども説明したのである。

情報公開を尊重する

二〇一三年十二月二十三日、国庫予算の要請の用務で東京に出張していた仲井眞知事に対して、ほぼ最終的となる審査結果の報告を行った。知事は順天堂大学病院に入院しており、病室に副知事や知事公室長、環境生活部長、農林水産部長、土木建築部長と秘書課長が集まった。土木建築部が中心となり、農林水産部と共同で作成した審査結果（案）を基に知事に説明した。

あらためて、埋め立て事業の概要とこれまでの経緯や、利害関係者・名護市長・環境生活部長の意見をまとめて説明し、「埋立法」に規定される承認基準などへの適合状況を説明した。唯一、環境対策に関する審査項目のなかで、県外からの土砂搬入に関する審査票の記入が終了していなかったが、それ以外の承認基準などに対する審査は終了しており、全て適合していることを報告した。土木建築部と農林水産部の事務局審査においては、これまでの埋め立て申請と同様に承認の可能性が高いものであると説明した。もし承認するのであれば、確実性を高めるために留意事項を付し、環境保全対策などを担保することが必要になることも付け加えた。

知事からは、年内に承認または不承認の判断をしたい、との話があった。

ところで、十二月中旬以降、いつ審査が終了し、いつ知事に報告するのか、年内には判断するのか、ということがマスコミの一大関心事になっていた。関係部長の自宅周辺にもマスコミ関係者が連日待機し、夜遅く帰宅したときにも複数社からの取材をしばしば受けた。十二月二十三日の東京出張についても、出発便の時刻は公表していなかったのだが、朝五時すぎに自宅を出ると、どこからともなくマスコミ関係者が飛び出してきた。聞けば、同じ便を予約しているとのことであった。

東京に着いた後は、県の東京事務所に立ち寄ったが、すでに十数人のマスコミ関係者が待機していた。知事が入院している順天堂大学病院を訪問するときも、一〇人ほどのマスコミ関係者とともに昼食をとり、病院に向かった。知事への説明が終了した後は、ぶら下がりの取材に応じた。一連の審査において可能な限り情報公開を行う、という基本姿勢を尊重したからである。膨大な量の「申請書」の告示・縦覧を県のホームページに掲載し、沖縄防衛局との質問・回答に関する文書などを可能な限り公表したのも、この姿勢を大事にしたからである。審査経過が逐一、県民に伝わるように配慮した。筆者の理解では、これまでの許認可行政において、これほどまでの情報公開が行われたことはかつてなかったと思う。

知事の最終的な判断

辺野古の埋め立ては、世のなかの関心事としては、全体的にはいわゆる政治マターであった。しかし、行政に従事する者にとっては、埋め立て承認申請の審査業務であり、法律事項なのである。日本復帰後四十数年にわたって連綿と続いてきた許認可行政の流れのなかで、法律に従いその業務を厳格に行うことが職務である。米軍基地そのものに反対する政党や市民団体、あるいは県外から来た活動家の人びとがさまざまな動きを見せるなかで、行政の長である知事は、法律に基づいて承認または不承認の判断を下さなければならない立場にある。米軍基地に反対する政治姿勢に立って、そのことを理由に、法律に基づく埋め立て申請を不承認とすることは知事の裁量権の逸脱につながる可能性がある。

しかし、現実に起こったことは、米軍基地に反対する人びとから、審査を担当する事務方にまで埋め立て申請を不承認とするようにという要請だった。だが、土木建築部と農林水産部の職員は、法律に基づいてしっかり仕事をする、という立場に徹した。

二〇一三年十二月二十五日の朝、前日で全ての審査が終了したことを知事に報告した。承認基準などには、全ての項目で適合していた。翌二十六日の午前中に知事公舎で三役会議が開かれ、その場において、普天間飛行場代替施設建設事業に係る埋め立て承認申請については、法に適合していることから承認する、という仲井眞知事の判断が下された。ただちに海岸防災課などに連絡し、知事決裁の準備がなされ、決裁文書を回議した。知事決裁については、午後七時頃に知事公舎において土木建築部長と海岸防災課長が内容を説明し、知事の決裁は完了した。

三月二十二日に「埋立申請書」が提出されてから、約九か月が経過していた。辺野古埋め立ての事業者である沖縄防衛局にとっては、二〇〇七年八月に環境影響評価法に基づく方法書を提出して以来、実に六年余が経過していたのである。

辺野古埋め立て承認の波紋

二〇一三年十二月二十七日、知事公舎に集まった多数のマスコミの前で、知事の記者会見が開かれ、埋め立て承認についての説明が行われた。

冒頭で、「公有水面埋立承認申請につきましては、所要の審査を行った結果、現段階で取り得ると考えられる環境保全措置等が講じられており、基準に適合していると判断し、承認することといたしました」、と述べ、法律上の基準に適合していることが承認の理由であるとの考えを示した。

さらに、年末の時期であり、次年度の沖縄振興予算が内示されていることを受けて、振興計画期間内の沖縄振興予算三〇〇〇億円台の確保のことや、膨大な予算を要する那覇空港滑走路増設事業の建設費確保が実現したことなどが、会見の内容に盛り込まれていた。基地政策については、ＫＣ１３０（空中給油機）の岩国飛行場への移転が実現することになったこと、地位協定の補足協定やオスプレイの分散移転について触れた後、次のように述べた。

「私は就任以来、普天間飛行場の危険性除去のため、現実的な方策を訴えてまいりました」「現在、政府が示している辺野古移設計画は、約一〇年の期間を要し、その間、普天間飛行場が現状維持の状態となるような事態は絶対避けなければなりません。そのため、県外のすでに飛行場のある場所へ移設する方が最も早いという私の考えは変わらず、辺野古移設を実行するにあたっても、暫定的であったとしても、考え得る県外移設案を全て検討し、五年以内の運用停止を図る必要があります」、と。現実的な方策の一つとしての辺野古移設を確認しながらも、普天間飛行場の危険性除去のほうは早期に行う必要がある、と訴えたのである。

翌年一月には、知事の埋め立て承認をめぐって臨時議会が開催され、二月になると地方自治法に基づくいわゆる百条委員会が設置されて、知事や関係部長が証人として出席を求められた。百条委員会の結論は、県議会与党が主張する承認を是とする意見と、野党が主張する承認を非とする意見を並記することで決着した。

そして、周知のように、二〇一四年十一月に実施された県知事選挙において、埋め立て承認を行った仲井眞弘多知事は敗れ、承認の取り消し・撤回を主張した翁長雄志氏が当選した。

その後、翁長新知事による承認の取り消し、国による埋め立て工事の中断、承認取り消しを不服とする代執行訴訟、国・県双方の和解と協議、承認取り消しを違法とする裁判、そして福岡高等裁判所那覇支部の判決（県敗訴）と事態は目まぐるしく展開した。県は高裁判決を不服として最高裁判所に上告したが、二〇一六年十二月二十日、最高裁は上告を棄却し、県の敗訴が確定した。埋め立て承認をめぐる一連の訴訟は終結し、新たなステージに入ることになった。

問題の行方《ゆくえ》を注視しつつも、ここでは次の点だけ再度確認しておきたい。辺野古埋め立て承認申請については九か月の期間をかけて淡々と、慎重かつ丁寧に審査を実施したこと、可能な限り情報公開を行ったこと、審査を担当する職員の増員など審査体制を強化し、厳格な審査に努めてきたこと、審査の結果として少なくとも「埋立法」に基づく承認基準には適合していると事務局で結論を出し知事が承認したこと、である。

政治のレベルではなく、あくまでも行政側の責務としての仕事を遂行した。このことは強調しておきたい。

おわりに――沖縄県は外交も行う

知事訪米の意図と目的

知事訪米は沖縄側が直接米国の政策担当者に基地問題を訴える行動であり、歴代知事は例外なく、これを貴重な機会として重視し太平洋を渡った。沖縄県知事として初めて公式に訪米を行ったのは一九八五年の西銘順治《にしめじゅんじ》である。以後、歴代知事の訪米は三十余年のあいだに一五回も行われている。

知事訪米の目的は二点ある。一点目は、わが国の地方行政の長として、沖縄の基地負担の現状と県民の考えや思いを米国の政府や議会に直接説明し、正確な認識を持ってもらうように働きかけることである。その行動により、問題の改善に向けて日米間で十分な協議が重ねられ、事態の打開を期待することができる。二点目は、知事が県民を代表して米国で活動する姿を県民に周知させることである。

沖縄県民には基地問題の現状について大きな不満があること、その一方で日米安保体制については一定の評価が存在すること、進行中の基地の整理縮小計画に関する課題や見通しについて沖縄側に意見があることなど、これらの点を正確に伝え、米国が県民の利益に沿った判断をするよう働きかけることが訪米の目的である。しかしながら、のっけから抗議・要請を行っても米国政府は聞く耳を持たない。沖縄をめぐるさまざまな話題を提起し、意見交換を行い、議論の基盤を作ることがまずは必要なのである。

米政府との会談で留意すべきことは、相手は官僚であり、日米安保条約および日米地位協定を越えた議論は期待できないということだ。県と米政府の接触は、わが国の地方自治体として実務的、現実的に現状を改善したいとの意思を表明する場なのであって、相手の権限以上の見解を求めても「上司に報告する」と言われるだけなのだ。

接触の回数を重ね、多様な沖縄の政治情勢や歴史の問題、さらには安保観について討議を行ううちに、彼らのなかにも沖縄への丁寧なマネジメントが必要だと考えている者が多くいることを知った。国家間の協議や合意は重要だが、交渉に当たる彼らが常に沖縄県民の存在を意識し、沖縄の基地負担の実情を想い描くことができるとしたら、状況を変える一歩になるのではないだろうか。

沖縄ソフトパワー発信事業

二〇一四年九月六日、ワシントンのポトマック河畔に立地するケネディ・センターは、五三〇人収容のテラス・シアターに入りきれない人びとで溢《あふ》れていた。秋風の吹く土曜日の夕方だったが、この場所にこれほど多くの市民を引きつけたのは沖縄県が開催する「沖縄芸能公演」だった。

舞台は創作芸団レキオスによる創作エイサーで幕を開け、続いて琉球古典芸能が披露された。演者は沖縄県立芸術大学の教師と大学院生たちで、地謡も同大の卒業生たちである。華やかな舞踊の次に空手の演武が行われた。沖縄空手道連盟から派遣された四人の師範級の有段者が力強い技を見せた。アメリカ合衆国の首都において、沖縄の伝統文化の粋を披露したいという強い意欲を持ち、一年の準備を経てこの日を迎えたのである。

約二時間のプログラム。観客は沖縄の音楽に身を委ね、美しい衣装で舞う荘厳な美の世界に目を見張った。また、空手家が見せる型や技、武具を用いた演武の迫力に驚きを隠さなかった。フィナーレで演者全員が舞台に登場すると、スタンディングオベーションが起こり、観客は最大級の敬意を贈った。沖縄の芸能文化は確実にワシントン市民の心を捉えたのである。

その前々日には、在米日本大使公邸で沖縄ソフトパワー発信事業のレセプションが開かれた。ホストは佐々江賢一郎《ささえけんいちろう》駐米全権大使と沖縄県副知事であり、米国政府関係者や議員、美術館・博物館関係者など二三〇人余が招待された。夕方に始まったレセプションは、沖縄からこのために来たシェフによる肉料理や、月桃《げっとう》を素材とした新作琉球料理のほか泡盛のカクテルやスイーツが立食形式で振る舞われた。招待者は沖縄から持参された食材に舌鼓《したつづみ》を打ち、小舞台で披露された琉球舞踊と空手演武を楽しんでいた。

この沖縄ソフトパワー発信事業は、沖縄県が企画・立案し、外務省や米政府、現地文化関係者の協力を得て実施した文化発信の試みであった。

沖縄と米国の交流の歴史は長く、そして深い。十九世紀のペリー艦隊の来航に始まり、海外移民や太平洋戦争末期の沖縄戦、そして戦後二七年間に及ぶ「アメリカ世《ゆ》」=アメリカ統治と続いた。今の日本のなかで、これほど多様で密接な「アメリカ経験」を重ねた地域はほかにはないと思う。

しかし、沖縄県民と米国の人びとは互いを知り得ているだろうか。とりわけ、広大な米軍基地を沖縄に集中的に配備し、戦略上の沖縄基地の重要性を力説する米政府の枢要にいる人びとは、どの程度の沖縄像を持っているだろうか。沖縄ソフトパワー発信事業を企画・実施することになったのは、基地問題の解決を展望しながら、米国の政策立案者の沖縄認識を更新したい、との意図からである。

米国に沖縄を認知させる

知事訪米の際の相手は政府機関だけではない。米国議会の議員や議会の政策立案担当者、それに米国でとりわけ重要なシンクタンクと大学の研究者が含まれる。

よく知られていることだが、米国では大統領が交代するたびに内政・外交を含む政策スタッフの総入れ替えが行われる。大統領を目指す候補は、自らがホワイトハウス入りしたときに備えて有能なスタッフを準備し、選挙に臨まなければならない。ワシントンに拠点を置くシンクタンクと大学はそのような人材のストックヤードなのだ。

将来における米国の政策を変えさせたいと沖縄が望むとき、彼らとの絆《きずな》は重要である。多くの場合、彼らは名門大学出身の研究者であり、その彼らに沖縄の歴史や現状、将来計画などを説明し、基地負担を減少させるための方策について意見交換するとなると、沖縄県側にも相当な知識と理解力が求められることになる。この思いが、私たちに二つのテーマを与えた。

一つは、米国の政策を担い、また将来担うであろう人びとの沖縄理解を深化させること、もう一つは、沖縄県が自ら沖縄を取り巻く安全保障に関する認識を深化させることである。

前者を踏まえた取り組みの一つが前述の沖縄ソフトパワー発信事業であった。琉球王国時代には、宗主国である中国の冊封使を迎えて、王国の人びとは最高の礼を尽くした。現在に伝えられる王国の芸能や料理でもてなし、琉球の文化力、すなわちソフトパワーをアピールしたのである。同様のコンセプトでソフトパワー発信事業を実施した。沖縄文化を現代の米国民に伝え、沖縄とそこに住む人びとのことを理解させることが、長期的に見て、米国が沖縄基地政策を進める際の基本的要素になるのではないか、と考えたのである。

駐米大使公邸で開かれたレセプションに招かれたのは、県の側で厳選した「沖縄政策に影響を与えうる人びと」である。沖縄文化に触れ、沖縄料理に舌鼓を打ったことは、彼や彼女たちの沖縄認識に影響したはずだと信じたい。

また、関連事業として、ワシントンにあるジョージ・ワシントン大学が運営するテキスタイル・ミュージアム（染織博物館）において、琉球紅型《びんがた》に関するワークショップも開催した。参加者は一般市民だが、親子連れや芸術文化に興味を持つ若い人びとの来館が目立った。県が派遣した現役の職人から紅型の伝統と技法の説明を受け、実際に簡単な紅型づくりを体験した参加者の目の輝きが印象的だった。

ジョージ・ワシントン大学の中央図書館に対して、多数の沖縄関係の図書や資料も寄贈した。この沖縄コレクションを今後とも充実させるために、沖縄県が引き続き支援することを約束している。米国人が自由に利用できる、知と情報の拠点に成長することを期待している。

地方自治体として、安全保障認識を深める

沖縄県が自ら沖縄を取り巻く安全保障に関する認識を深化させる、というテーマは、言うは易《やす》く行うは難し、ということかもしれない。しかし、行政の立場から基地問題と日々格闘しながらも、その問題の背後に横たわる安全保障の現状を認識することは重要だと考えた。具体的には、基地問題を所轄する知事公室に地域安全政策課という部署を設け、数名の若手専門家を研究員として採用した。

外交防衛政策は政府の専権事項とされているために、必要な情報はなかなか得られない。だからこそ、自治体は自らの知識を磨き、政府が提示してくる政策に対して透徹した目を持つことが求められる。日米の安全保障政策や沖縄基地の運用方向について情報収集を行い、現実の動きを評価できる能力を磨いた。その認識を根拠に、沖縄の立場に立つ意見を言うためである。

県が主催して、地域安全政策フォーラムを何度も開催した。日本や米国、中国、台湾、韓国などから安全保障や防災関係の専門家を招き、共通認識を形成するための対話の場としての沖縄の役割を発揮しようとしたのである。また、沖縄同様に米軍基地を持つ三沢市（青森

県）や横須賀市（神奈川県）、岩国市（山口県）、佐世保市（長崎県）の基地問題を所管する行政担当者を招き、それぞれの地域の現状と対策について意見交換する場も設けた。

以上に述べた取り組みは、自治体レベルの能力ではその効果が限られており、所詮《しょせん》は「蟷《とう》螂《ろう》の斧《おの》」に止まる、という見方があるかもしれない。しかし、国策を丸のみするのではなく、同時にまた、現実離れした願望に身を委ねることもなく、一歩一歩県民の負担を減じていく試み、すなわち地域外交のスタンスが沖縄に求められているのだと言いたい。

沖縄県は外交も行う。いや、外交も行わなければならない立場に置かれているのである。その覚悟が、基地の島＝沖縄の行政には課せられている。

【後記】

本書の構成案を高良倉吉が作成し、各自の役割分担を決める作業からスタートしました。分担したテーマについて各自がレジュメを作成し、何度も協議を重ねました。それをふまえて、各自が執筆した草稿や改訂稿について全員で読み合わせを行いました。そして最終的には、全体を整序する必要があるために、すべての原稿を高良の責任において調整しました。したがって、共同で作成した原稿であるという性格上、特に執筆分担を明記する必要はないと思いますが、念のために、各自の役割分担を記しておきます。

「まえがき」、第Ⅰ章、第Ⅱ章1は高良、第Ⅱ章2・3、第Ⅲ章1・2は川上好久、第Ⅲ章3、第Ⅳ章1は小橋川健二、第Ⅳ章2・3、第Ⅴ章2は當銘健一郎、第Ⅴ章1、「おわりに」は又吉進が、それぞれ分担しました。

面倒な編集を担当して下さった小野一雄氏と、本書の企画を支援していただいた『中央公論』誌の中西恵子氏に深く感謝申し上げます。


（高良）

主要参考文献（五十音順）

安里進・高良倉吉・田名真之・豊見山和行・西里喜行・真栄平房昭『沖縄県の歴史』第二版、山川出版社、二〇一〇年
飯田経夫・清成忠男・小池和男・玉城哲・中村秀一郎・正村公宏・山本満『現代日本経済史——戦後三〇年の歩み』上・下、筑摩書房、一九七六年
伊藤修『日本の経済——歴史・現状・論点』中公新書、二〇〇七年
伊藤善市・坂本二郎編『沖縄の経済開発』潮出版社、一九七〇年
猪木武徳『戦後世界経済史——自由と平等の視点から』中公新書、二〇〇九年
伊波普猷『伊波普猷全集』第一巻、平凡社、一九七四年
大城将保『琉球政府——自治権の実験室』ひるぎ社、一九九二年
大城光雄『こうして始まった　沖縄の企業倒産』光データシステム、一九八八年
大城光雄『どこへ行く、オキナワカンパニー』光データシステム、一九九一年
岡田知弘・川瀬光義・鈴木誠・富樫幸一『国際化時代の地域経済学』第三版、有斐閣アルマ、二〇

〇七年
沖縄開発庁編『沖縄振興開発計画』沖縄開発庁、一九七二年
沖縄開発庁『第2次沖縄振興開発計画』沖縄開発庁、一九八二年
沖縄開発庁編『第3次沖縄振興開発計画』沖縄開発庁、一九九二年
沖縄県土木建築部編『中南部都市圏密集市街地基礎調査』沖縄県、一九九八年
沖縄県企画部編『駐留軍用地跡地利用に伴う経済波及効果等調査報告書』沖縄県、二〇〇六年
沖縄県企画部編『沖縄21世紀ビジョン』沖縄県、二〇一〇年
沖縄県企画部編『沖縄21世紀ビジョン基本計画』沖縄県、二〇一二年
沖縄県知事公室編『沖縄の米軍基地』沖縄県、二〇一三年
沖縄県文化観光スポーツ部編『観光要覧　平成26年版』沖縄県文化観光スポーツ部、二〇一五年
沖縄県企画部編『経済情勢　平成27年度版』沖縄県企画部、二〇一六年
沖縄県企画部編『離島関係資料』沖縄県企画部、二〇一六年
沖縄県教育委員会編『沖縄県史　第一巻・通史』沖縄県教育委員会、一九七六年
沖縄県教育委員会編『沖縄県史　別巻・沖縄近代史辞典』沖縄県教育委員会、一九七七年
沖縄県教育委員会編『沖縄県史　各論編第五巻・近代』沖縄県教育委員会、二〇一一年
沖縄県生活福祉部県民生活課編『沖縄県の物価　昭和五十六年度版』沖縄県、一九八二年
沖縄国際大学『沖縄経済の課題と展望』那覇出版社、一九九八年
櫻澤誠『沖縄現代史――米国統治、本土復帰から「オール沖縄」まで』中公新書、二〇一五年
瀬長亀次郎『民族の悲劇――沖縄県民の抵抗』新装版、新日本出版社、二〇一三年

全日本建設技術協会編「那覇広域都市計画事業那覇新都心土地区画整理事業」都市再生機構沖縄総合開発事務所、二〇〇五年
高橋乗宣編著『「経済白書」で読む奇跡の50年』日本実業出版社、一九九五年
高良倉吉『琉球王国』岩波新書、一九九三年
竹内淳彦・小田宏信編著『日本経済地理読本』第九版、東洋経済新報社、二〇一四年
富永斉『沖縄経済論』ひるぎ社、一九九五年
内閣府編『沖縄振興計画』内閣府、二〇〇二年
内閣府ホームページ「第19回沖縄振興審議会資料」二〇一一年五月十三日
内閣府ホームページ「第23回沖縄振興審議会資料」二〇一三年十一月十九日
内閣府ホームページ「第26回沖縄振興審議会資料」二〇一五年十月三十日
内閣府沖縄総合事務局ホームページ「跡地カルテ　上本部飛行場」二〇一六年二月末日現在
内閣府沖縄総合事務局ホームページ「跡地カルテ　恩納通信所」二〇一六年二月末日現在
内閣府沖縄総合事務局ホームページ「跡地カルテ　普天間飛行場」二〇一六年二月末日現在
南西地域産業活性化センター編『沖縄県の就業構造と失業に関する調査研究——調査報告書』南西地域産業活性化センター、二〇一四年
日本経済新聞社編『昭和の歩み　第一巻・日本の経済』日本経済新聞社、一九八八年
日本経済新聞社編『日本経済　大競争時代への挑戦』日本経済新聞社、一九九五年
野口悠紀雄『戦後日本経済史』新潮選書、二〇〇八年
本間浩「日米地位協定をどう改定すべきか——表層と深層からの照射」『世界』二〇一〇年六月号

真栄城守定『沖縄経済――格差から個性へ』ひるぎ社、一九八六年
前泊博盛編著『本当は憲法より大切な「日米地位協定入門」』創元社、二〇一三年
牧野浩隆『沖縄経済を考える――主役なき経済開発』新報出版印刷、一九七八年
牧野浩隆『再考　沖縄経済』沖縄タイムス社、一九九六年
三菱総合研究所産業・市場戦略研究本部編『日本産業読本』第八版、東洋経済新報社、二〇〇六年
宮本憲一・佐々木雅幸編『沖縄21世紀への挑戦』岩波書店、二〇〇〇年
屋良朝苗『激動八年――屋良朝苗回想録』沖縄タイムス社、一九八五年
読売新聞西部本社文化部編、仲里効・高良倉吉著『対論「沖縄問題」とは何か』弦書房、二〇〇七年
琉球銀行調査部編『戦後沖縄経済史』琉球銀行、一九八四年
琉球新報社編『新琉球史　近代・現代編』琉球新報社、一九九二年
琉球新報社編集局編『復帰後全記録　現代沖縄辞典』琉球新報社、一九九二年

【執筆者紹介】
川上好久（かわかみ・よしひさ）
1954年，沖縄県に生まれる．大阪大学経済学部卒業．77年，沖縄県庁採用．企画部長，総務部長を経て仲井眞県政で副知事を務めた．

小橋川健二（こばしがわ・けんじ）
1955年，沖縄県に生まれる．大阪大学法学部卒業．79年，沖縄県庁採用．総務部長を経て退職．

高良倉吉（たから・くらよし）→別掲

當銘健一郎（とうめ・けんいちろう）
1955年，大分県に生まれる．東京工業大学大学院修了．80年，沖縄県庁採用．土木建築部長を経て退職．

又吉　進（またよし・すすむ）
1956年，沖縄県に生まれる．琉球大学法文学部卒業．79年，沖縄県庁採用．知事公室長を経て退職．

高良倉吉（たから・くらよし）

1947年（昭和22年），沖縄県に生まれる．愛知教育大学教育学部卒業．93年，九州大学より博士（文学）を取得．専門は琉球史．沖縄史料編集所専門員，浦添市立図書館長などを経て，94年，琉球大学法文学部教授．定年退職後，2013年から１年８か月，仲井眞弘多県政の副知事を務めた．琉球大学名誉教授．2004年，国際交流奨励賞・日本研究賞（国際交流基金）受賞．

著書『琉球の時代』（筑摩書房，1980年）
『琉球王国の構造』（吉川弘文館，1987年）
『琉球王国』（岩波書店，1993年）ほか

沖縄《おきなわ》問題《もんだい》
——リアリズムの視点《してん》から
中公新書 *2418*

2017年１月25日初版
2022年５月30日再版

編著者　高 良 倉 吉
発行者　松 田 陽 三

本文印刷　三晃印刷
カバー印刷　大熊整美堂
製　本　小泉製本

発行所 中央公論新社
〒100-8152
東京都千代田区大手町 1-7-1
電話　販売 03-5299-1730
　　　編集 03-5299-1830
URL https://www.chuko.co.jp/

Published by CHUOKORON-SHINSHA, INC.
Printed in Japan　ISBN978-4-12-102418-3 C1231

中公新書刊行のことば

いまからちょうど五世紀まえ、グーテンベルクが近代印刷術を発明したとき、書物の大量生産は潜在的可能性を獲得し、いまからちょうど一世紀まえ、世界のおもな文明国で義務教育制度が採用されたとき、書物の大量需要の潜在性が形成された。この二つの潜在性がはげしく現実化したのが現代である。

いまや、書物によって視野を拡大し、変りゆく世界に豊かに対応しようとする強い要求を私たちは抑えることができない。この要求にこたえる義務を、今日の書物は背負っている。だが、その義務は、たんに専門的知識の通俗化をはかることによって果たされるものでもなく、通俗的好奇心にうったえて、いたずらに発行部数の巨大さを誇ることによって果たされるものでもない。現代を真摯に生きようとする読者に、真に知るに価いする知識だけを選びだして提供すること、これが中公新書の最大の目標である。

私たちは、知識として錯覚しているものによってしばしば動かされ、裏切られる。私たちは、作為によってあたえられた知識のうえに生きることがあまりに多く、ゆるぎない事実を通して思索することがあまりにすくない。中公新書が、その一貫した特色として自らに課すものは、この事実のみの持つ無条件の説得力を発揮させることである。現代にあらたな意味を投げかけるべく待機している過去の歴史的事実もまた、中公新書によって数多く発掘されるであろう。

中公新書は、現代を自らの眼で見つめようとする、逞しい知的な読者の活力となることを欲している。

一九六二年一一月

中公新書

日本史

d1

2189 歴史の愉しみ方 磯田道史
2455 日本史の内幕 磯田道史
2295 天災から日本史を読みなおす 磯田道史
2579 米の日本史 佐藤洋一郎
2389 通貨の日本史 高木久史
2321 道路の日本史 武部健一
2494 温泉の日本史 石川理夫
2671 親孝行の日本史 勝又基
2500 日本史の論点 中公新書編集部編
1617 歴代天皇総覧（増補版） 笠原英彦
2302 日本人にとって聖なるものとは何か 上野誠
2619 もののけの日本史 小山聡子
1928 物語 京都の歴史 脇田修 脇田晴子
2345 京都の神社と祭り 本多健一
2654 日本の先史時代 藤尾慎一郎

482 倭国 岡田英弘
147 騎馬民族国家（改版） 江上波夫
2164 魏志倭人伝の謎を解く 渡邉義浩
1085 古代朝鮮と倭族 鳥越憲三郎
2533 古代日中関係史 河上麻由子
2470 倭の五王 河内春人
2462 大嘗祭―天皇制と日本文化の源流 工藤隆
2095 『古事記』神話の謎を解く 西條勉
1502 日本書紀の謎を解く 森博達
2362 六国史《りっこくし》―日本書紀に始まる古代の「正史」 遠藤慶太
2673 国造―大和政権と地方豪族 篠川賢
804 蝦夷《えみし》 高橋崇
1041 蝦夷《えみし》の末裔 高橋崇
1293 壬申の乱 遠山美都男
2636 古代日本の官僚 虎尾達哉
1568 天皇誕生 遠山美都男
2371 カラー版 古代飛鳥を歩く 千田稔

2168 飛鳥の木簡―古代史の新たな解明 市大樹
2353 蘇我氏―古代豪族の興亡 倉本一宏
2464 藤原氏―権力中枢の一族 倉本一宏
2563 持統天皇 瀧浪貞子
2457 光明皇后 瀧浪貞子
2648 藤原仲麻呂 仁藤敦史
2452 斎宮―伊勢斎王たちの生きた古代史 榎村寛之
2441 大伴家持 藤井一二
2510 公卿《くぎょう》会議―論戦する宮廷貴族たち 美川圭
2536 天皇の装束 近藤好和
2559 菅原道真 滝川幸司
2281 怨霊とは何か 山田雄司
2662 荘園 伊藤俊一
2699 大化改新（新版） 遠山美都男

中公新書

日本史

d2

- 2127 河内源氏 元木泰雄
- 2573 公家源氏―王権を支えた名族 倉本一宏
- 2655 刀伊の入寇 関　幸彦
- 1622 奥州藤原氏 高橋　崇
- 1867 院　政（増補版） 美川　圭
- 608・613 中世の風景（上下） 阿部謹也・網野善彦・石井　進・樺山紘一
- 1503 古文書返却の旅 網野善彦
- 1392 中世都市鎌倉を歩く 松尾剛次
- 2336 源頼政と木曽義仲 永井　晋
- 2526 源　頼朝 元木泰雄
- 2678 北条義時 岩田慎平
- 2517 承久の乱 坂井孝一
- 2461 蒙古襲来と神風 服部英雄
- 2653 中先代の乱 鈴木由美
- 1521 後醍醐天皇 森　茂暁

- 2601 北朝の天皇 石原比伊呂
- 2463 兼好法師 小川剛生
- 2443 観応《かんのう》の擾乱《じょうらん》 亀田俊和
- 2179 足利義満 小川剛生
- 978 室町の王権 今谷　明
- 2401 応仁の乱 呉座勇一
- 2058 日本神判史 清水克行
- 2139 贈与の歴史学 桜井英治
- 2481 戦国日本と大航海時代 平川　新
- 2688 戦国日本の軍事革命 藤田達生
- 2343 戦国武将の実力 小和田哲男
- 2084 戦国武将の手紙を読む 小和田哲男
- 2593 戦国武将の叡智 小和田哲男
- 1213 流浪の戦国貴族 近衛前久 谷口研語
- 2665 三好一族―戦国最初の「天下人」 天野忠幸
- 1625 織田信長合戦全録 谷口克広
- 1782 信長軍の司令官 谷口克広

- 1907 信長と消えた家臣たち 谷口克広
- 1453 信長の親衛隊 谷口克広
- 2421 織田信長の家臣団―派閥と人間関係 和田裕弘
- 2503 信長公記《しんちょうこうき》―戦国覇者の一級史料 和田裕弘
- 2555 織田信忠―天下人の嫡男 和田裕弘
- 2645 天正伊賀の乱 和田裕弘
- 2622 明智光秀 福島克彦
- 784 豊臣秀吉 小和田哲男
- 2557 太閤検地 中野　等
- 2265 天下統一 藤田達生
- 2357 古田織部 諏訪勝則

中公新書

日本史

d3

2675	江戸―平安時代から家康の建設へ	齋藤慎一
476	江戸時代	大石慎三郎
2552	藩とは何か	藤田達生
2565	大御所 徳川家康	三鬼清一郎
1227	保科正之《ほしなまさゆき》	中村彰彦
740	元禄御畳奉行の日記	神坂次郎
2531	火付盗賊改《ひつけとうぞくあらため》	高橋義夫
853	遊女の文化史	佐伯順子
2376	江戸の災害史	倉地克直
2584	椿井文書―日本最大級の偽文書	馬部隆弘
2380	ペリー来航	西川武臣
2047	オランダ風説書	松方冬子
1958	幕末維新と佐賀藩	毛利敏彦
2497	公家たちの幕末維新	刑部芳則
1754	幕末歴史散歩 東京篇	一坂太郎
1811	幕末歴史散歩 京阪神篇	一坂太郎
2617	暗殺の幕末維新史	一坂太郎
1773	新選組	大石学
2040	鳥羽伏見の戦い	野口武彦
455	戊辰戦争	佐々木克
1235	奥羽越列藩同盟	星亮一
1728	会津落城	星亮一
2498	斗南藩《となみ》―「朝敵」会津藩士たちの苦難と再起	星亮一

世界史

現代史

- 2105 昭和天皇 古川隆久
- 2687 天皇家の恋愛 森　暢平
- 2309 朝鮮王公族―帝国日本の準皇族 新城道彦
- 2482 日本統治下の朝鮮 木村光彦
- 632 海軍と日本 池田　清
- 2192 政友会と民政党 井上寿一
- 1138 キメラ―満洲国の肖像（増補版） 山室信一
- 2348 日本陸軍とモンゴル 楊　海英
- 2144 昭和陸軍の軌跡 川田　稔
- 2587 五・一五事件 小山俊樹
- 76 二・二六事件（増補改版） 高橋正衛
- 2059 外務省革新派 戸部良一
- 1951 広田弘毅 服部龍二
- 2657 平沼騏一郎 萩原　淳
- 795 南京事件（増補版） 秦　郁彦

- 84 90 太平洋戦争（上下） 児島　襄
- 2465 日本軍兵士―アジア・太平洋戦争の現実 吉田　裕
- 2387 戦艦武蔵 一ノ瀬俊也
- 2525 硫《い》黄《おう》島《とう》 石原　俊
- 2337 特攻―戦争と日本人 栗原俊雄
- 244 248 東京裁判（上下） 児島　襄
- 2015 「大日本帝国」崩壊 加藤聖文
- 2296 日本占領史 1945-1952 福永文夫
- 2411 シベリア抑留 富田　武
- 2471 戦前日本のポピュリズム 筒井清忠
- 2171 治安維持法 中澤俊輔
- 1759 言論統制 佐藤卓己
- 828 清沢《きよさわ》　洌《きよし》（増補版） 北岡伸一
- 2638 幣原喜重郎 熊本史雄
- 1243 石橋湛山 増田　弘
- 2515 小泉信三―天皇の師として、自由主義者として 小川原正道

中公新書

現代史

政治・法律

h1

- 125 法と社会　碧海純一
- 819 アメリカン・ロイヤーの誕生　阿川尚之
- 2347 代議制民主主義　待鳥聡史
- 2469 議院内閣制―変貌する英国モデル　高安健将
- 2631 現代民主主義　山本圭
- 1905 日本の統治構造　飯尾潤
- 2691 日本の国会議員　濱本真輔
- 2537 日本の地方政府　曽我謙悟
- 2558 日本の地方議会　辻陽
- 1687 日本の選挙　加藤秀治郎
- 2283 日本政治とメディア　逢坂巌
- 1845 首相支配―日本政治の変貌　竹中治堅
- 2651 政界再編　山本健太郎
- 2428 自民党―「一強」の実像　中北浩爾
- 2233 民主党政権 失敗の検証　日本再建イニシアティブ
- 2101 国会議員の仕事　林芳正／津村啓介
- 2191 大阪―大都市は国家を超えるか　砂原庸介
- 2418 沖縄問題―リアリズムの視点から　高良倉吉編著
- 2439 入門 公共政策学　秋吉貴雄
- 2620 コロナ危機の政治　竹中治堅
- 2695 日本共産党　中北浩爾

政治・法律

h2

中公新書

社会・生活

中公新書

地域・文化・紀行

t1

中公新書

地域・文化・紀行